JN001366

ハルマキ
100本
ノック

島田由美子

光文社

「ハルマキ」ワールドにようこそ

「春巻」ではなくて、「ハルマキ」

この本では、そう呼びます。

理由は、中華料理屋さん定番の「春巻」とは、いろいろなことが少し違うから。

まず、作り方が少し変わっています。

たっぷりの油は使いません。フライパンに基本、大さじ4の油だけで美味しくできます。

そして、巻き終わりの糊付けはしません。巻き目を下にして揚げ焼きすれば、皮がはがれずにきれいに仕上がります。

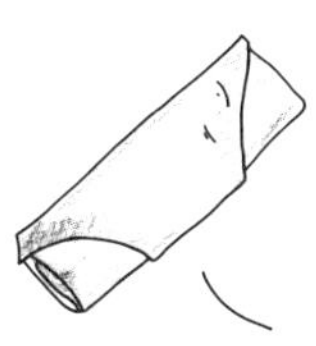

具も、少し変わっています。ほとんどの「ハルマキ」の具は切って巻くだけ。「こんなものまで巻いちゃうの？」と思われる具も多いでしょう。

「これ巻いてみたらどうなるかな？」という素朴な好奇心がすべてのスタート。作ってみなければ、自分でもどうなるのか分からない。ドキドキしながら、時には一杯やりながら、出来上がりを待つ時間が楽しく、あらゆるものを巻いて作ったのが１００本の「ハルマキ」です。

こんな感じに勝手ながら、皆さんお馴染みの「春巻」業界の片隅に、ちょっと変わった「ハルマキ」というジャンルを、ひそかに立ち上げてみました。

いわば由緒正しき「春巻株式会社」の小さな新規事業「ハルマキ課」といったスタンスでしょうか。

その「ハルマキ課」課長である私が、これからノックする１００本を通じて、皆さんを「ハルマキ」ワールドにご案内いたします。

そして最終的にこの本が、みなさんにとって、身近にある食材で自由に作れるようになるヒント集になったらよいなと思っています。

「春巻」は美味しいけれど、自分で作るとなると少しハードルが高い料理です。いろいろな具材を刻んで餡を作って冷ましてと、お酒を開ける前に、作るだけで疲れそうと思う方も多いのではないでしょうか？

そんなイメージを覆したくて、もっと楽しく、もっと美味しく、もっと手軽に、お酒が欲しくなる１００本の「ハルマキ」をノックしていきます。

もくじ

Level. 2

ちょっとひと仕事

ひと手間かけて、さらに美味しく

Level. 3 もうちょっとひと仕事

余裕のある時のご馳走ハルマキ

本書の使い方

◎材料や作り方にある「小さじ１」は５㎖、「大さじ１」は15㎖です。
◎野菜類は、特に表記のない場合は、洗うなどの作業を行ってからの手順を記載しています。
◎本書ではすべてガスコンロを使用しています。ＩＨコンロをお使いの方は、レシピの火加減より少し火力を強めて揚げ焼きすると、きれいに仕上がります。
◎オーブンなどの調理家電は、お手持ちの機種の取扱説明書に従って使用してください。また機種により加熱時間に違いがあります。
◎レシピ量は目安です。好みの量で作って構いません。ただし、塩けの強い食材は入れ過ぎに注意しましょう。

コンロふた口の極小キッチンだから生まれた、大さじ4の油で作るハルマキ

最初に、ハルマキができるまでのお話と自己紹介を少し。

私が営む「ワインセラー ローゼンタール」はドイツワインと自家菜園の野菜を中心とした料理を楽しめる小さな店です。テーブルは大小3席。詰めて座ると14名くらい入るでしょうか。

よく驚かれるのですが、ローゼンタールのキッチンは「コックピットのよう」と言

われるほどに狭いです。計ってみたら、奥行き24㎝（一番狭いところ）、幅150㎝くらい。あまりにも奥行きがないのでキッチン内はカニ歩きです。火元は家庭用ガスコンロふた口。そこですべての料理を作ります。

ハルマキは、いつも弱めの火加減で

店は私ひとりで切り盛りしています。調理をしながらワインや料理のサービスをして、お会計もしてと、すべてが「ながら」仕事なので、コンロ前に張り付いていることができません。火から離れていても大丈夫なよう、自然と弱めの火加減で調理するようになりました。

最初は必要に迫られての弱火調理でしたが、慣れてくると良いことづくしなことに気がつきます。弱火だと素材の中心部までゆっくり、むらなく火が通り、甘味や旨味が引き出されて美味しくなる、野菜も肉もゴロンゴロンしているものが多いローゼンタールの料理に合っている調理法だと。

ハルマキも大きく切り分けた生の具を、そのまま巻くことが多いので、同じように弱火から弱めの中火くらいの火加減で、じっくり揚げ焼きしていきます。すると嬉しいことに、皮はパリッ、中身はジューシーに仕上がるんですね。

「揚げ物」というジャンルからは少し逸脱してしまいますが、「作りやすくて美味しければいいいんじゃない？」

これがハルマキ課のモットーです。

はじまりはコロッケ～大さじ4の油になるまで～

実は、私は料理の修行をしたことがありません。前職はワイン情報誌の編集部で働いていました。ワインの仕事がしたい！　という単純な動機で入社したものの、絶望的なほどデスクワークに向いていなくて、当然、怒られてばかりの日々。「もしかしたら体を動かす仕事のほうが合っているかも」と、私なりに悩んだ末、「ワインバーを開きたい」と言って退職しました。今思えば、「なぜ、いきなり開業？　経験もお金も、人脈もないのに無謀だろ」と自分に突っ込みたいところですが、当時は「なんとかなるさ」と呑気なもので。

その後、飲食店でサービスのアルバイトをしながら物件を探して一年が過ぎようとしていたころ、私の行く末を気にかけてくれていた元上司から連絡がありました。「ワインバーをまかせたい、という人がいるけれど会ってみない？」と。そこで紹介されたのが、ワインセラー ローゼンタールです。

前任のマダムがお亡くなりになり、その後任を探している。小さな店なので、ひとりで好きにやってくれ、という願ってもないひょんなご縁あって、ローゼンタールをまかされました。

当初のローゼンタールには食べ物のメニューがなく、ドイツワインとおしゃべりを楽しむ、「大人の談話室」というスタイル。私といえば人見知りで、酒席を話芸で盛り上げる才もない。何よりも、ワインは食事と楽しんで欲しい、との思いが強いので、料理を出すことにしました。

では、何を出そう？

野菜中心のメニューを組んでみたものの、ちょっと物足りない。「揚げ物があるとよいかな」と思って作ったのが、２種の豆をメインに塩豚とくるみを混ぜ込んだ、かなりガッツリしたコロッケです。

その頃の私は、乾燥豆にどっぷりはまっていました。自分で店を開くなら、「ワインと豆料理」をテーマにしようと考えていたくらいに。豆を求めて遠くの乾物屋さんに足を運んだり、それでは飽き足らずヨーロッパを豆放浪してみたりと、やたらに豆欲が盛んな時期だったのです。なのでコロッケにも当然、豆。

豆でゴツゴツしたコロッケを揚げる訳ですが、狭いキッチンでたくさんの油を使うのは怖い。そこで、コロッケの厚さが２㎝くらいだから、フライパンに深さ１㎝くらいの油を入れて、弱火でじっくりと揚げ焼きしてみました。半面焼いてひっくり返せば問題ないかな、という考えです。

これはこれで好評だったのですが、豆にじゃがいもの組み合わせは１個食べるとお腹いっぱいになってしまう。

私もそうですが、酒呑みはできるだけ長時間飲んで食べていたい生き物。何かもっと軽くて、おつまみになる揚げ物はないかな？　と、思い出したのが、アルバイト先の中華料理店で作っていた、ちょっと変わった春巻です。グリーンアスパラガスをドンと１本、ロースハムが一緒に巻いてある、細いスティック状の春巻。それをアレンジして作り出すのですが、気になるのが油の量です。

コロッケの時と同じくらいの量の油で揚げ焼きしていると、「こんなに油必要かな？」と思い始めます。いけるところまで行ってみようと、どんどん減らしていったら、大さじ4くらいに落ち着きました。弱火調理にも向くし、この量なら常に新鮮な油を使えるので油臭くならない。さらにはカロリーを抑えられるのも酒呑みには嬉しい。以来ずっと、ハルマキは大さじ4くらいの油で作り続けています。

糊付け不要論

大さじ4の油で作るようになりしばらくして、「糊付けって本当にいるのかな？」と、さらなる疑問が湧いてきます。だって、忙しい時に小麦粉を水で溶いて、指先でちょんちょんと皮に糊付けして、手を洗って、なんてやりたくない。ひとり営業なので、省けることは極力省きたいのです。

そこで考えました。

大さじ4の油なら、本体が直にフライパンに触れているのだから、その熱と油の力で、巻き目もくっつくのではないかと。

やってみると、見事にくっつくんですね、これが。ただ、普通の揚げ物のように、たくさんの油の中で揚げる時は糊付けしないと、中身が空中分解してしまいます。最少の油で揚げ焼きする時ならではの嬉しいおまけです。

こんな感じに、「これ必要なのかな」と思うところを削って削ってできたのが「ハルマキ」です。極小キッチンならではの工夫が盛り込まれている料理とも言えるでしょう。

まずは、春巻の皮への愛を語りたい

中華料理の「皮もの」業界では、餃子に比べると今ひとつ影の薄い春巻。一見地味だけれど実は、限りない可能性を秘めている楽しい料理だと思うのです。そんな春巻の魅力の元となるのが「皮」。ここで少し、偏愛的皮のお話をさせてください。

春巻の皮は大きなキャンバス

まず、その「大きさ」。

約19cm四方という、包容力あるサイズだから、大振りに切り分けた野菜など、いろいろな具を生のままドンと巻けます。

この本の5本目（p.39）でも、ひと口では食べきれない大きさの蓮根4個を、2列に並べて一枚の皮で巻いています。太巻か？　と思うような迫力あるサイズ感、かぶりつき感が見ても食べても楽しい。

また、具が小さい時は、皮を半分に切り分けて包めば、ひと口サイズの可愛らしいミニハルマキも作れてしまう。

皮の自由度の高さ。これは料理を作る楽しさに通じると思うのです。自由に絵が描ける大きなキャンバスみたいだな、と思いながら、いろいろな具をギッチリ詰め込んで巻いています。

ミニハルマキの作り方

指でつまんで、ポイッと気軽に食べられるミニハルマキ。100本のなかでも、たびたび登場します。コツは皮に対して具を斜めに置くこと。小さな具で、いろいろ巻いてみましょう。

1 春巻の皮を半分に切る。

2 皮に対して具を45度くらいの角度に置く。

3 皮と具の間に隙間を作らないように、きっちり巻く。

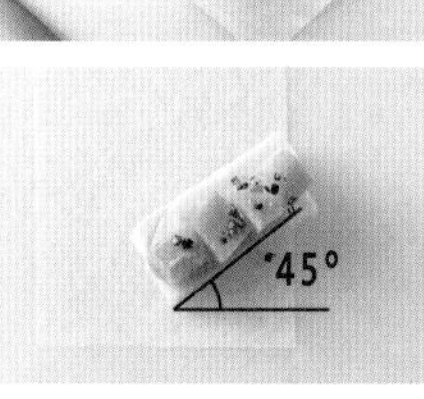

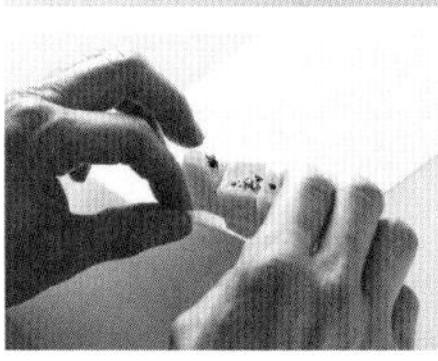

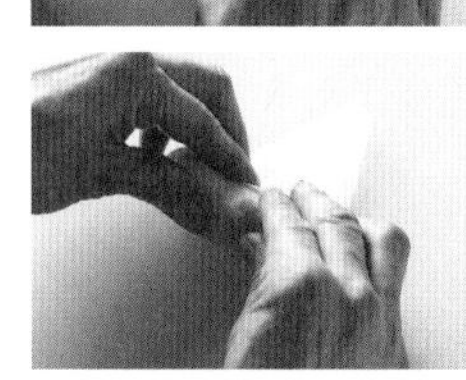

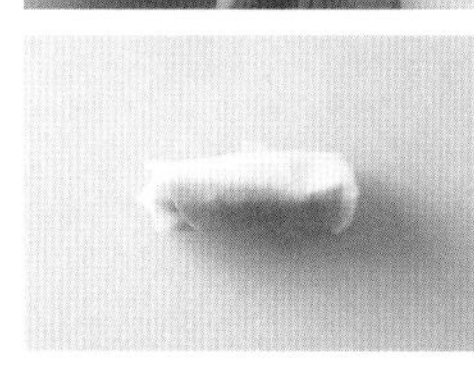

愛しき軽さ

春巻の皮の一番愛すべき点は、「軽さ」ではないでしょうか。

厚さ0.4〜0.5㎜。餃子の皮が0.5㎜〜0.7㎜なのと比べると薄いです。さらに、ほとんどの春巻の皮は一度焼いてあるので（餃子や焼売は生）、揚げると他の皮にはないパリッとした軽さが生まれる。

例えば、25本目（p.61）の「春菊の葉」を餃子の皮で巻いて揚げ焼きしてみたとします。具の少なさもありますが、皮に厚みと弾力性があるので、小麦を食べている感じが強い。あくまで皮が主役で具は脇役。

春巻の皮で巻いた場合は、パリッとした皮の一瞬の心地よさのあとは、「具を楽しんでね！」と皮が引き立て役に徹している。

春巻は、小麦を使った「皮もの」のなかでもスナック感が強い。「これだけでおなかいっぱいにさせないよ」という、いわば贅沢な料理。だからこそ、長時間いろいろ飲んで食べたい呑み助のみなさんに、おつまみとしてお勧めしたいのです。

春巻の皮は食べられる調理器具

春巻の皮は、包む役割以外にも複雑な調理仕事を一手に引き受けてくれます。調理中の春巻をじっくり見てみましょう。皮の下でジュワジュワと油が動き回っています。これは何かというと、皮から浸透した揚げ油と素材のもつ水分で「蒸し」料理がなされているような状態です。

皮のなかに、ポイポイと好きな具を入れて密閉して油で熱すれば、あとは勝手に調理をしてくれる。そんなイメージで皮をとらえてみると、春巻の皮自体が小さな調理

春巻の皮は、そのまま食べられる？

春巻きの皮の多くは一度焼いているので基本、そのままでも食べられます。87、99本目のように、数種の具をクルリと巻くと、ブリトーのようで美味しいですよ。ただ、焼いていない「加熱タイプ」のものは食べられないので、必ず、メーカーさんのHPなどで確認してください。そして、そのまま食べる場合は開封してすぐのものを使いましょう。

器具に見えてくる。

最少の水分で素材が効率よく蒸されるというのは、タジン鍋や無水鍋の仕組みに似ているけれど、春巻の皮は食べられるところが素晴らしい。

そんな訳で私は、春巻の皮を「食べられる調理器具」と呼んでいます。

私が愛用する皮のこと

「特別な皮を使っているの？」とよく聞かれますが、スーパーなどで市販されている皮なら、どのメーカーのものでも作れます。

私が愛用しているのは、モランボンの皮。店でも家でも長年使っています。「ハルマキ」はゴツゴツした素材をそのまま巻くことも多いので、破れにくく、かつ美味しい皮が理想的。いろいろなタイプを試してみましたが、モランボンの皮は、ちょうどよい厚さで、ひときわパリッと仕上がるところも気に入っています。

そして、一度に使い切らなくてもパッケージのままジッパー付きの袋に入れて冷蔵すれば、開封後も数日は美味しく使えるところもエライ！

さらには、冷凍もできます。余ったら、ラップなどで空気が入らないようにしっかり包んで冷凍庫へ。使う時は、2時間ほど前に冷蔵庫に移して解凍しましょう。

何を巻くかを考えるトレーニング

STEP ①

まずは何か野菜を1種巻いてみよう

この本では、いろいろな具を組み合わせて「ハルマキ」にしていますが、私が普段のまかない兼おつまみに作るのは、野菜1種巻きが多いです。じゃがいも、大根、人参、ゴボウ、蓮根、ブロッコリー、筍、大根の葉っぱなどなど。余った野菜1種を食べやすい大きさに切って巻き、弱火でじっくり揚げ焼きして、塩を添えるだけ。

1本だけ作って、まず1杯。まだ油がフライパンに残っていたら、何か炒めてもう1杯。なんて具合に気軽かつ適当に作れるので、登場回数が多いです。

野菜は油を通すと甘味が出ます。そこに皮のパリパリ感、塩味。これだけでも十分に美味しいし、シンプルなので飽きない。塩にクミンシードや粉山椒など好みのスパイスを加えると、さらに「おつまみ度」がアップします。

野菜は何でも大丈夫。身近にあるものを、まずは巻いてみましょう。

STEP ② 複数の具を巻いてみよう

１種巻きに慣れてきたら、次は複数の具を巻いてみましょう。そこに立ちはだかるのが「どうやって具の組み合わせを考えるの？」問題です。

一番よく聞かれるこのお題。つい、「何となく」と答えてしまうのですが、これでは分かりませんよね。でも、この「何となく」が実は大事なんじゃないのかな、と思うのです。

では、「何となく感」はどこからくるのか。

単純に考えると「口の中に一緒に入れて食べたら美味しそうな感じ」です。

朝、寝ぼけマナコで納豆をかき混ぜていて「ネギ入れようかな、かつお節もいいな、イヤ、今日はさっぱりしたい。〝もずく〟はどうだろう（試してみたら美味しかった）」なんてことを漠然と考えながら、みなさんも日々、食事をされていると思います。食べ合わせによって異なる味わいを自分で生み出している、口の中で調理していると言ってもよいでしょう。

納豆のコクに、（納豆にはない）アクセントをプラスして、さらに美味しくしようという仕事を、誰もが無意識にやっているんです。私がハルマキの具を考える時も、いろいろかじっては口の中で合わせて仮試作しています。

具の組み合わせも、この延長で考えてみましょう。ただ、考える時にちょっとしたコツがあるのでご紹介します。

◎具は3種までが作りやすい

好きなものを全部巻きたい！　という気持ちは分かるのですが、具の種類が多くなればなるほど、全体のバランスをとるのが難しく、上級者向けになります。いきなり交響曲を奏でるのは大変。三重奏くらいから始めてみましょう。

まずは主役、そして脇役を選びます。脇役は、主役を引き立てるアクセント&味つけ担当。主役と脇役は合わせて最大3人までにします。主役1：脇役1、主役1：脇役2、または主役2：脇役1。どの組み合わせでもよいのですが、主役にはない味わいを脇役にもってくるとバランスがとれて美味しくなる。組み合わせを考える時に、一番大事にしたいことです。

例えば1本目（p.35）の「原木しいたけ、生ハム、ゴルゴンゾーラ」。主役の原木しいたけは噛みしめるとジンワリ滲み出る旨みが魅力。脇役には、それをキリッと引き締める塩けが欲しいから生ハム。でも、それだけだと物足りない、ちょっとコクが欲しいのでゴルゴンゾーラ。焼いたシイタケをひと口噛んで、ほかに何を一緒に食べたらもっと美味しくなるかな、という感じで考えてみましょう。

まず主役、そして脇役と、ひとつひとつ口に入れていって合わせた時の味を想像していくクセをつけると、いろいろな組み合わせを思いつくようになります。

組み合わせが今ひとつでも大丈夫。乱暴な物言いかもしれませんが、油が美味しくしてくれます。油でじっくり熱することで、素材の旨みが引き出され、異なる味わいがきれいにまとまる。それぞれを口に入れた時が1＋1＝2だとしたら、3以上の複雑味を生み出してくれる力が油にはあります。

たくさんの油を使う場合は、温度と加熱時間のコントロールが難しいですが、大さじ4の油で弱火調理するのなら気楽です。作ったあとの油の処理もラクなので、〝家では揚げ物しない派〟のみなさんにも、お勧めですよ。

◎主役は旬のものを選ぶと楽しい

では、主役を何にするか？　基本は食べたいもの、台所にあるものでよいのですが、ちょっと気分を盛り上げたいなら、旬のものを主役に抜擢すると作る時間も心躍るし、さらに美味しく感じると思います。

「旬」とは？　など難しく考える必要はありません。今、一番美味しそうで、価格も手ごろな食材です。春の新キャベツやアスパラガス、新ゴボウ、夏なら茄子やきゅうりやトマトなどなど。その時たくさん採れるものは、その時季の体が欲している場合が多いから、「食べたいものが分からない症候群」に陥ったような時は、旬のものを選びましょう。体の欲求と食べたものがピッタリ合うと「コレコレ！」と美味しさが倍増します。私が主役を考える時にも、「今、何が旬かな」を真っ先に考えます。

ただ、最近は何でも早め早めに店頭に並ぶので要注意。2月に空豆や筍が並んでいるのにはビックリしますが、出始めはまだ味がのっていないし価格も高いので、値ごろになるのを待ってからで十分です。分からない場合は、お店の人に「今日、美味しくてお買い得なのは？」と聞いてみるのもひとつの手。主役には旬のものを、ぜひ！

◎調味はせずに、脇役でメリハリをつける

この本でノックする１００本のハルマキは基本、調味＝味つけをしていません。いわゆる「春巻」は、具を調味してから巻きますが、あえてそれはやらない。そのかわりに、全体にメリハリをつける具を、脇役に選んで一緒に巻いています。17頁で宣言したように「春巻の皮は食べられる調理器具」。具を巻いたら、あとは皮まかせ、油まかせ、時間まかせ。

１００本の脇役をざっと見てみましょう。生ハム、アンチョビ、塩昆布、海苔、梅干し、スルメ、クミンシード、大葉……。保存食や乾物、スパイス、ハーブなどの脇役陣が主役と一緒に皮の中で蒸されることでアクセントとなり、調味の仕事までしてくれます。

調味をしないと、何がよいのか。

素材の味が、ダイレクトに出ます。

素材そのものの味を楽しんで欲しいので、出来上がりに添えるのも塩がほとんど、もしくは何もなし。

「ハルマキ」を作る時には、味つけの作業は忘れてください。その代わり、味のもととなる脇役を発掘してみましょう。台所には使いかけの乾物やスパイスなど、いろいろな光る脇役が眠っているはず。35頁から始まるレシピのように、脇役のキャスティングのコツをつかむと、「ハルマキ」上手になりますよ。

❗ 水切り上手はハルマキ上手

◎豆腐の水切り

深さのある皿に豆腐をのせ、上に平皿と約1kgの重石をのせます。重石は何でも。水切り時間は90分程度。豆腐の高さの1/3くらいまで水が出ていればOK。水切りした豆腐は、冷蔵で3日ほど美味しく食べられます。

ハルマキNo. 55／56

◎野菜の「塩揉まない」

野菜の塩揉み、どうやっていますか？　課長方式では、せん切りまたはスライスした野菜に塩をひとつまみまぶしたら、そのまま置き、しんなりしてから水けをギュッと絞ります。ギュウギュウ揉むと、野菜の繊維が壊れて味が濁るので「塩揉まない」のがおすすめ。きれいな味わいになりますよ。

ハルマキNo. 51／52／53／54／74／84／85／87／96／99

STEP ③

水分の多い具は、ひと手間かけて美味しく

ハルマキは、大さじ4の油とはいえ揚げ物の一種なので、具の水分は大敵。水分が多いとバチバチと跳ねて、皮が破れる原因になります。この本のハルマキのなかには、桃やかんきつ類などの果物、鰯などの魚介類、もずく、豆腐など、かなり水分の多い具もありますが、丁寧に下ごしらえをすることで美味しくハルマキにすることができます。

水分の多い具を扱う時に気を付けたいことは3つ。

❶巻く前に、具の余計な水けを取り除く。例えば、ペーパータオルなどでしっかり水けを取る、ひと塩してから水けを絞る、フライパンで乾煎りするなど。
❷巻いたら、具から出る水分が皮に滲みないうちにすぐに揚げ焼きする。
❸油が跳ねても焦らない。いじらない。

油が跳ねると、ついつい焦ってしまうもの。でもここは、余計な水分が蒸発して跳ねなくなるまで、ちょっと我慢しましょう。この時にトングなどで動かそうとすると皮が破れる原因になります。皮に美味しそうな焼き色がつくまで、そっと見守ってあげてください。

STEP ④ かぶりつく快感とサイズ感が美味しさにつながる

この本でご紹介しているハルマキは、口をあんぐり開けて「かぶりつく」サイズが多いです。いわゆる春巻より、かなり太目で丸くコロンとした形。口を開けた時の直径くらいを意識して巻いています。具の量も多く、ぎっしり詰めて、きっちり巻いているので、かなり重量感があります。

なぜかというと、「かぶりつく」という行為にはちょっと原始的な趣があって、楽しいから。アニメ『はじめ人間ギャートルズ』の骨付き肉のイメージです。何かをガブリとやってモグモグ噛んでいる時、「口の中が美味しいものでいっぱい」という幸せを感じませんか？　お行儀が悪いかもしれないけれど、だからこその楽しさもある。

さらに、「かぶりつきサイズ」だと、切り口の断面がきれいに映る。「1本丸ごと食べたい！」〝切らない派〟の方も多いと思いますが、私は基本〝切りたい派〟。テーブルに並べる時に断面をのぞきこんで、「おおっ！」と驚いてもらいたい。食べる時の楽しさも見た目も、味のうち。

レシピでは、切ったほうが食べやすい場合にだけ、切り方を書いています。正解はありません。自分の美味しい食べ方を追求してみましょう。

\ 課長の /
ちょこっと
アドヴァイス
01

きっちり巻くことの大切さ

ハルマキの多くは、具を「切って巻くだけ」。餡にしてまとめていないので、きっちり巻くことが大事なポイントです。皮と具をできるだけ密着させて巻くことで、具に一体感が出て、より美味しくなります。

ひと巻きするごとに、皮で具をキュッ、キュッと、しっかり摑みながら、海苔巻きを巻くイメージで、丸く立体的に巻いてみてください。

慣れないうちは、ゆるく巻いてしまいがちですが、「皮と具のスキマ許さじ！」と思いながら巻いてみると、きっちり巻けますよ。

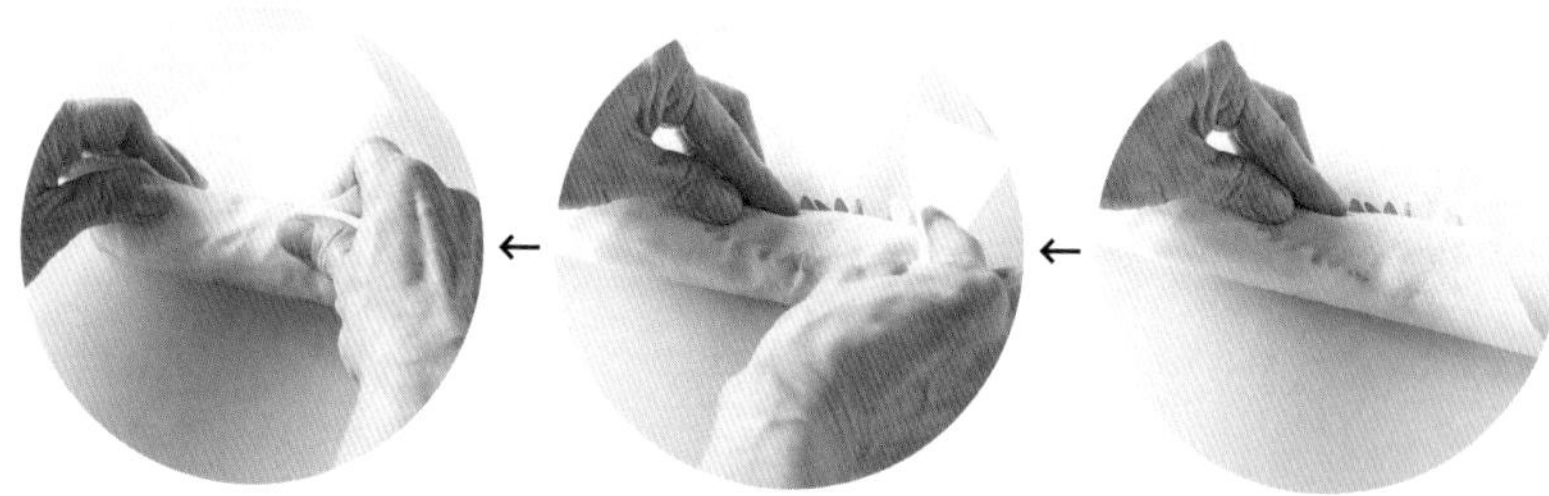

さあ、揚げ焼きしてみよう

「放任主義」が美味しさの近道

ハルマキは、生の具をじっくり揚げ焼きしていくことが多いので、火を通すのに結構時間がかかります。例えば、24本目（p.60）の「ビーツ、くるみ、黒粒胡椒」は20分ほど。その長い間、ついつい転がしたり触ったり、いじりたくなるのが人情ですが、グッとこらえましょう。

大学時代、学園祭の打ち上げ用に肉じゃがをクツクツと煮込んでいた時、何となくお玉でかき回そうとしたら「触っちゃダメ！　不味くなる！」と、料理上手な友人が叫びました。素材の表面に傷がつくから、味が濁ると。

これは肉じゃが以外のあらゆる料理にも当てはまります。ハルマキも触れば触るほど、美味しさが逃げていくと思ってください。触るのは各面に美味しそうな焼き色がついて、ひっくり返す時だけにしましょう。

春巻の皮の中で具が蒸されて美味しくなっていく過程を邪魔してはいけません。時間が勝手に美味しくしてくれます。弱火調理だから、ずっと見守る必要もありません。人間の介入は最小限で、ここは放任主義を決め込みましょう。火を入れている時は、皮まかせ、時間まかせ、が合言葉です。

レシピには近寄ったり離れてみたりで

これから100本のハルマキをノックしていきます。作者が言うのもなんですが、レシピの分量をきっちり守らなくても、美味しくできます。気にして欲しいのは、味のアクセントとなる脇役の分量を入れ過ぎないこと。味が強いと修正できませんが、足りない場合は、塩を添えれば十分に美味しくなります。

レシピの分量が多すぎて巻くのが難しいなら、巻きやすいように減らしてみてください。もしかしたら、慣れないと巻きにくい量のレシピがあるかもしれません。一方、好きな主役なら量を増やしてみるのも自分カスタマイズで一層楽しいはず。

この本のレシピは、「この通りに作れば、シマダ課長的ハルマキになる」目安です。他にも美味しさの正解はたくさんあるはず。それがハルマキ課のよいところ。

まずは、気になる組み合わせを巻いて揚げ焼きして、楽しく一杯やりましょう。

＼ 課長の ／
ちょこっと
アドヴァイス
02

ハルマキをきれいに切るには

「どうしたらきれいにカットできますか」という質問をよくいただくので、ハルマキの切り方のコツをひとつ。

まずは、包丁の先端で切れ目を、ハルマキに対して20度くらいの角度で2㎝くらい入れます。切れ目が入ったら、そこを手掛かりとして、包丁を前方に軽く押して切ってみてください。あまり斜めに切り過ぎないほうが、具がこぼれずに、きれいに切れます。ハルマキに対して垂直よりも、ちょこっと斜めに切るくらいの感覚です。

切る時に軽くフッと息を吐いてみると、余計な力が入らずに、さらに上手く切れますよ。

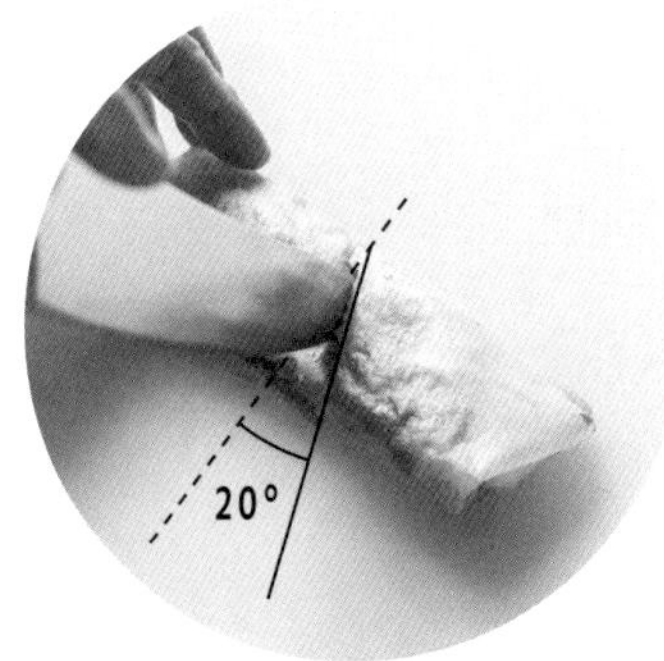

ハルマキ100本ノック、スタート！

美味しいハルマキを作るための7つのルール

1

レシピは基本、春巻の皮3枚分の量で表記。

2

巻き終わりの糊付けは不要。

3

フライパンで揚げ焼きします。

ここでは、直径26㎝のテフロン加工のフライパンを使用。

4

使う油は、基本大さじ4。

油の量が異なる場合は、その旨を表記。
また、小さいフライパンを使う場合は、これより少ない量に調節しましょう。

巻き目を下にして火を入れれば、皮がくっつきます。

5

火加減は弱火～弱めの中火でじっくり揚げ焼き。

6

揚げ焼きしている間、ひっくり返す時以外は、なるべく触らない。

油が少ないので、ひと面ずつ丁寧に揚げ焼きします。揚げ焼きの途中で油がなくなった場合は、少しずつ追加すれば大丈夫。全ての面が美味しそうなキツネ色になったら、油をしっかり切って出来上がり。

側面もしっかり揚げ焼きしましょう。フライパンのヘリを上手く使ってハルマキを立たせると、きれいに出来ます。

7

切る、切らないはお好みで。

切ったほうが食べやすく、楽しい場合は、レシピ最後にその旨を表記。

Level. 1

切って巻くだけ

主役を盛り立てる脇役を探そう

最初のステップは「切って巻くだけ」。ここでは、切る以外の下ごしらえがほとんどいらない、一番作りやすいハルマキをご紹介します。実は、課長が今まで作ってきたハルマキの8

ハルマキNo. 1　2　3　4　5　6　7　8　9　10　11　12　13　14　15　16　17　18　19　20　21　22　23　24

割が、この項目に当てはまります。料理屋として、いかがなものかとも思いますが、事実です。

シンプルなだけに、何を組み合わせて巻くかが最重要ポイント。そこでまず注目していただきたいのが、主役に対して、どんな脇役を選んでいるか。各レシピ名のトップを飾る具が、そのハルマキの主役です。

主役の持ち味を生かすも殺すも脇役次第。脇役が主役を食わないように、量のバランスに気を付けてください。脇役は味がしっかりした素材が多いので、ちょっと少ないカナ？　くらいがちょうどよいのです。

慣れてくると、「この主役にはこの脇役だな」と、自然にいろいろな組み合わせが浮かぶようになってきます。まずは、この章のハルマキを参考に、何か1本作ってみましょう。

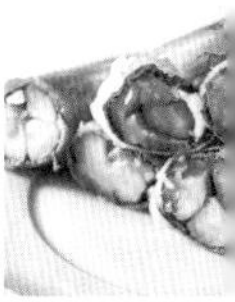

31  32  33  34  35  36 
37  38  39  40 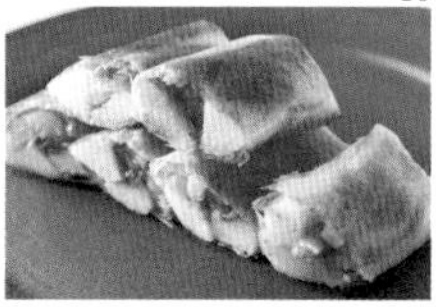 41  42 
43  44  45  46  47  48 
49  50

生ハム、アンチョビは万能調味料です

ハルマキNo.

1～7 ／100

生ハムとアンチョビは、そのまま食べても美味しいけれど、塩けと旨みを兼ね備えた万能調味料として、ハルマキでは使っています。とくに野菜との相性は抜群。その上、水分が少ないからハルマキ向きです。何かに使って余った切れ端があったら、ぜひ主役と一緒に巻いてみてください。ワインに合う、小粋なおつまみになりますよ。味が強いので、使う量はちょっとだけ。入れ過ぎには要注意！

1/100

原木しいたけ、生ハム、ゴルゴンゾーラ

（ Level. 1 ） 切って巻くだけ ー 生ハム、アンチョビは万能調味料です

◎材料　3本分
原木しいたけ（6〜8個）
生ハム（1枚）
ゴルゴンゾーラ・ドルチェ（10g）※好みで多めでも
春巻の皮（3枚）／サラダ油（大さじ4）／塩（少々）

◎作り方
❶しいたけは軸を取り、手で傘の部分を半分に割る。生ハムは縦3等分に切る。
❷春巻の皮の上に、しいたけを立てて並べ、間に2〜3か所に分けてゴルゴンゾーラを挟み、上に生ハムを置いてきっちり巻く。
❸弱めの中火で揚げ焼きし、半分に切り分けて塩を添える。

→ 合わせたいお酒＿赤ワインのためにあるようなハルマキです。

大根、干し柿、生ハム

◎材料　3本分
大根（5㎝）
干し柿（2個）
生ハム（1枚）
春巻の皮（3枚）／サラダ油（大さじ4）／塩（少々）

◎作り方
❶大根は皮を剝き、2㎝角のスティック状に6つに切り分ける。干し柿は切り開いて種を取り短冊状に切る。生ハムは縦3等分に切る。
❷春巻の皮の上に、大根を横一文字に2本並べ、上に干し柿、生ハムを並べ、きっちり巻く。
❸弱火で揚げ焼きし、半分に切り分けて塩を添える。

→ 合わせたいお酒＿日本酒をぬる燗で、ゆるゆると。

3/100

ふきのとう、生ハム

（ Level. 1 ） 切って巻くだけ ― 生ハム、アンチョビは万能調味料です

◎材料　3本分

ふきのとう（6個）※小さめなら12個

生ハム（1枚）

春巻の皮（3枚）／サラダ油（大さじ4）／塩（少々）

◎作り方

❶ふきのとうは半分に手でちぎる（小さめならそのまま）。生ハムは縦3等分に切る。

❷春巻の皮の上に、ふきのとうを横一列に並べ（写真下）、上に生ハムを置き、きっちり巻く。

❸弱めの中火で揚げ焼きして、塩を添える。

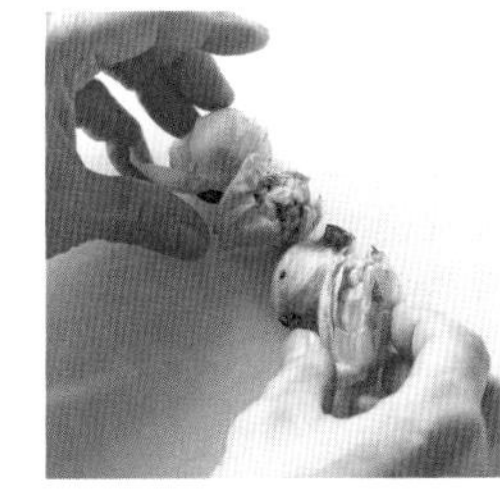

→ 合わせたいお酒＿春らしく辛口のロゼワイン。

4/100

うど、干し杏子、生ハム

(Level. 1) 切って巻くだけ ― 生ハム、アンチョビは万能調味料です

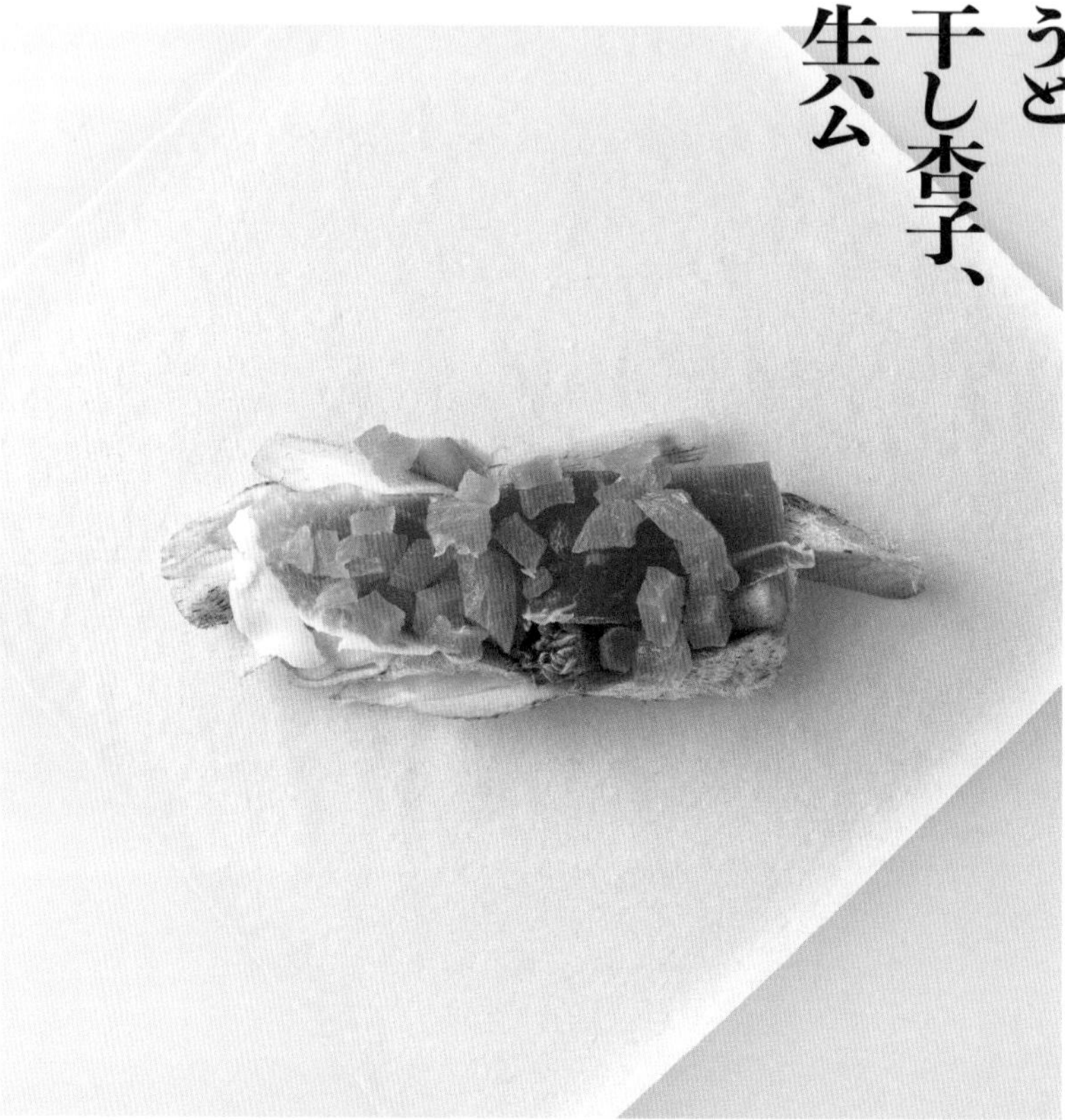

◎材料　3本分
うど（20㎝）※できれば先端のほうから
干し杏子（3個）
生ハム（1枚）
春巻の皮（3枚）／サラダ油（大さじ4）／塩（少々）

◎作り方
❶うどは皮付きのまま2㎝の長さに乱切りにする。干し杏子は粗くみじん切りに、生ハムは縦3等分に切る。
❷春巻の皮の上に、うどを並べ（写真下）、干し杏子を散らし、生ハムを置き、きっちり巻く。
❸弱めの中火で揚げ焼きし、半分に切り分けて塩を添える。

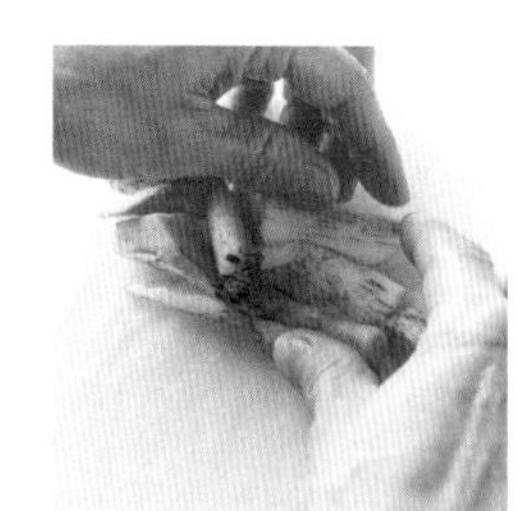

→ 合わせたいお酒＿ほんのり甘い白ワイン。変化球で梅酒。

5/100

蓮根、アンチョビ、くるみ

◎材料　3本分

蓮根（ひと節）※中サイズ

アンチョビ ※フィレ（3枚）

くるみ（10粒）

春巻の皮（3枚）／サラダ油（大さじ4）／塩（少々）

◎作り方

❶蓮根は、節に対して垂直に3枚に切り分けてから、さらに縦に4等分し、12個に切り分ける。アンチョビは粗くみじん切りに、くるみは粗く砕く。

❷春巻の皮の上に、蓮根4個を2個ずつ2列に並べ、アンチョビとくるみを凹みにはめ込み、きっちり巻く。巻きにくいですが、きっちり巻きましょう。

❸弱火で15〜20分ほど各面をじっくり揚げ焼きし、半分に切り分けて塩を添える。

➜ 合わせたいお酒＿ホックリ根菜類には軽めの赤ワイン！

6/100

ブロッコリーの花蕾(からい)、アンチョビ、アーモンド

◎材料　3本分
ブロッコリーの花蕾(小1/2個分)※150g程度
アンチョビ※フィレ(3枚)
アーモンド(15粒)
春巻の皮(3枚)／サラダ油(大さじ4)

◎作り方
❶ブロッコリーの花蕾は小房に分けてざく切りにする。
❷アンチョビは粗くみじん切りに、アーモンドは包丁の腹で潰す。
❸春巻の皮の上に①のブロッコリーを横長に置き、②のアンチョビとアーモンドを散らし、きっちり巻く。
❹弱めの中火で揚げ焼きする。

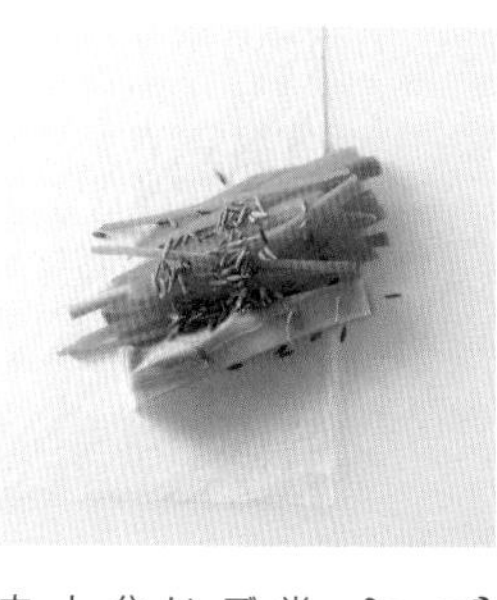

ブロッコリーの茎で、おまけミニハルマキ

半分に切り分けた春巻の皮の上に、ブロッコリーの茎1本(硬い部分を剝いて、1㎝角のスティック状に切り分ける)、人参(せん切り)、クミンシードを置いてきっちり巻き、弱めの中火で揚げ焼きして、塩を添える。

→ 合わせたいお酒＿サラリとした辛口の白ワイン。

7/100

筍、アンチョビ、チーズ

(Level. 1) 切って巻くだけ ― 生ハム、アンチョビは万能調味料です

◎材料　3本分

茹で筍(1本)

アンチョビ ※フィレ(2～3枚)

ピザ用チーズ(およそ30g)

※筍の上に被るくらいの量（写真下）

春巻の皮(3枚)

サラダ油(大さじ4)／塩(少々)

※レシピは10㎝強の筍（皮を剝いた状態）1本で作った目安です。筍の大きさによって、作れる本数が変わります。皮で巻けそうな大きさ（大きめが美味しいです）に切り分けて、お好きな本数を作ってみてください。

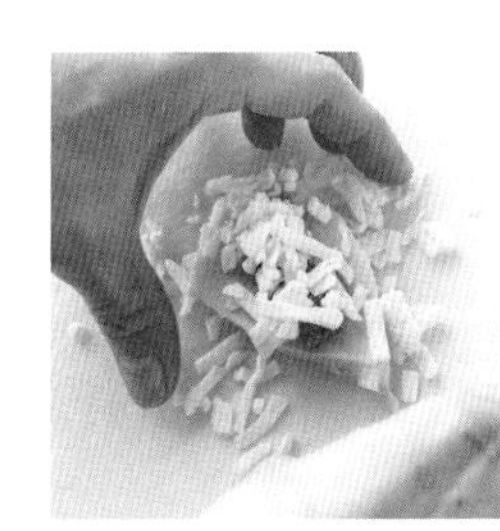

◎作り方

❶筍は皮を剝いて、ハルマキ1本につきひと切れの巻きやすい大きさに切り分ける。アンチョビは粗くみじん切りにする。

❷春巻の皮の上に①の筍をひと切れ、切断面を上にして置き、①のアンチョビとピザ用チーズを上にのせ、筍の形に添って、きっちり巻く。

❸弱火で揚げ焼きして、塩を添える。

→ 合わせたいお酒 _ 軽めの赤ワイン。ほんの少しだけ冷やして。

乾物は旨みの爆弾

ハルマキNo.
8〜19／100

乾物はハルマキにうってつけの素材です。乾いているから巻きやすいし、揚げ焼きしやすい。そして、旨みがギュッと凝縮されているから脇役としてよい仕事をしてくれます。台所の片隅に使いかけの乾物はありませんか？　そのままにしておくのはもったいない。多少、古くなっていても大丈夫。発掘して、積極的にハルマキにしてみましょう。

8/100

小松菜、かつお節

(Level. 1) 切って巻くだけ ― 乾物は旨みの爆弾

◎材料　3本分

小松菜(⅔束)

※余らせたくない人は、4本作ると使い切れます

かつお節(ひとつかみ)

春巻の皮(3枚)

サラダ油(大さじ4)／塩(少々)

◎作り方

❶小松菜は茎と葉をちぎって別に分ける。葉は、ひと口大より少し大きめにちぎり、茎は3㎝長さにちぎる。

❷春巻の皮の上に①の葉の⅓を重ねて置いたら、ちぎった茎3〜4本とかつお節を中心にのせ、最初に葉で茎とかつお節をギュッと押さえ包んでから（写真下）、さらに皮できっちり巻く。

❸弱めの中火で揚げ焼きし、半分に切り分けて塩を添える。

※小松菜は手でちぎったほうが、舌に馴染んで美味しいです。

※かなりの葉の量に驚かれると思いますが、片手でギュッと押さえながら包むと上手く巻けます。

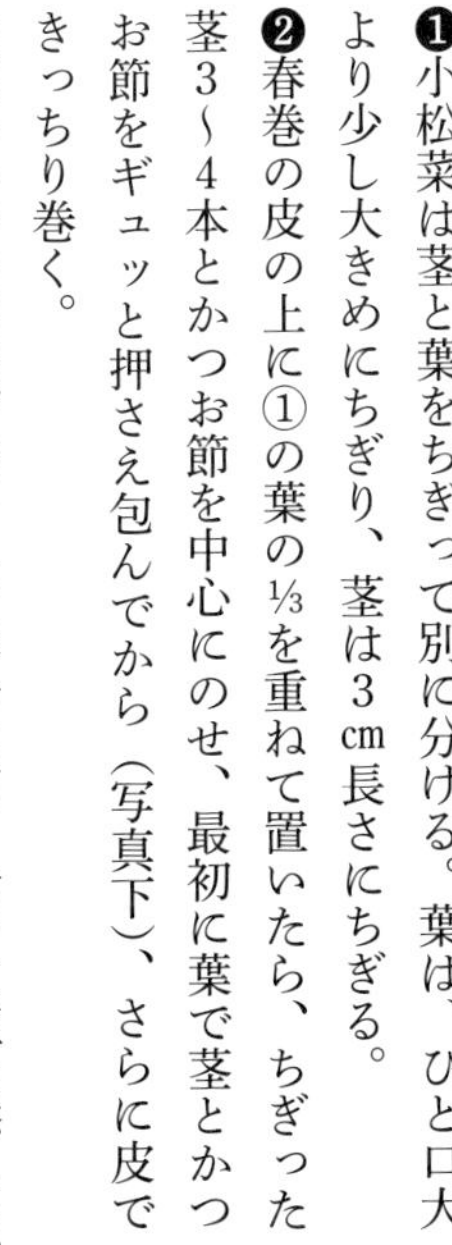

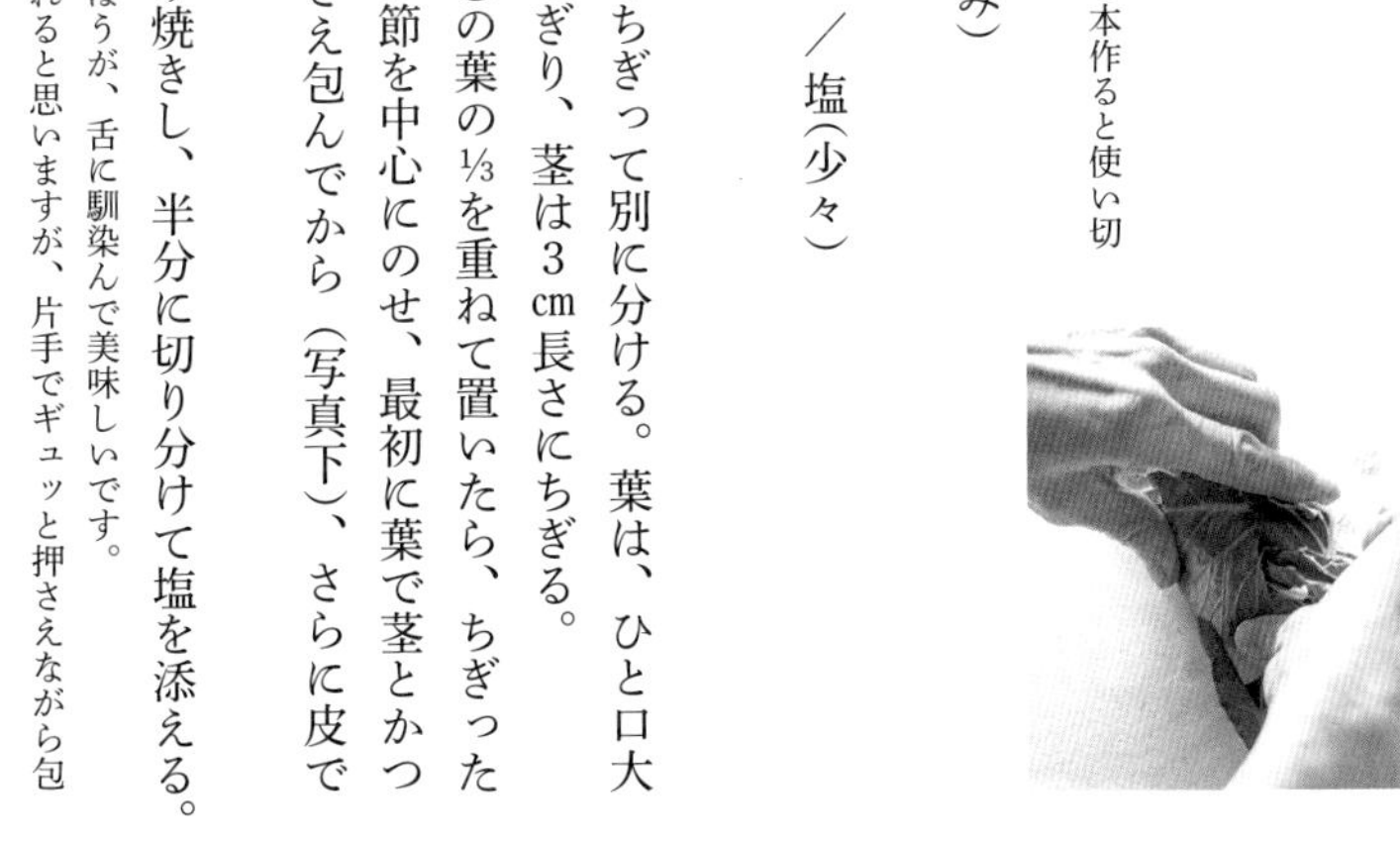

→ 合わせたいお酒＿ぬる燗をちびりちびりとやりながら。

9/100

ししゃも、オクラ、塩昆布

◎材料　3本分
子持ちししゃも(3尾)
オクラ(6本)
塩昆布(30本程度)
春巻の皮(3枚)／サラダ油(大さじ4)

◎作り方
❶オクラはヘタを取ってガクを剝く。ししゃもはペーパータオルなどで水けを丁寧に拭き取る。
❷春巻の皮の上に、①のししゃも、横にオクラ2本を並べて塩昆布を散らし、きっちり巻く。
❸弱めの中火で揚げ焼きする。
※頭から尻尾まで一人で食べたいハルマキ。切らずにそのままかぶりつくのがお勧めです。

→ 合わせたいお酒＿柔らかな味わいの日本酒をぬる燗で。

10/100

イチジク、塩昆布

（ Level. 1 ） 切って巻くだけ ― 乾物は旨みの爆弾

◎材料　3本分

イチジク（3個）※なるべく小さめでお尻が割れていないもの

塩昆布（30本程度）

春巻の皮（3枚）／サラダ油（大さじ4）

◎作り方

❶イチジクはヘタを取り、皮のまま縦4等分にする。

❷春巻の皮の上に①のイチジク4切れを上下互い違いに並べ、塩昆布を散らし、きっちり巻く。

❸中火で揚げ焼きする。

火を通す時、皮が破れやすいです。巻いたら早めに揚げ焼きしましょう。ただ、多少破れても美味しいですよ。

→ 合わせたいお酒＿スパイシーさのある赤ワインと。

11/100

りんご、カマンベール、塩昆布

◎材料　3本分
りんご（½個）
カマンベール（60g）
塩昆布（20本程度）
春巻の皮（3枚）／サラダ油（大さじ4）

◎作り方
❶りんごは皮付きのまま3等分にし、芯を取り、5㎜厚さにスライスする。カマンベールは9等分に切り分ける。
❷春巻の皮の上に、①のりんごをずらして並べ、上にカマンベール3切れを等間隔に置き、塩昆布を散らしてきっちり巻く。
❸火加減は弱めの中火。りんごの面からじっくり揚げ焼きして甘味と塩昆布の旨みを引き出しましょう。

→ 合わせたいお酒＿ホットウィスキー。蜂蜜やレモンを入れても。

12／100

菜の花、蕪、塩昆布

◎材料　3本分

菜の花（6本）
蕪（中1個）
塩昆布（30本程度）
春巻の皮（3枚）／サラダ油（大さじ4）／塩（少々）

◎作り方

❶菜の花は、2㎝の長さにざく切りに、蕪は皮付きのまま12等分にくし切りにする。
❷春巻の皮の上に①の蕪を斜めにずらして4枚並べ、菜の花を置き、塩昆布を散らしてきっちり巻く。
❸火加減は弱めの中火。蕪の面から揚げ焼きして、塩を添える。蕪のほうを長めに揚げ焼きすることで、甘味がより引き出せます。

→ 合わせたいお酒＿ふくよかな感じの純米酒を常温で。

13/100 芽キャベツ、スルメ

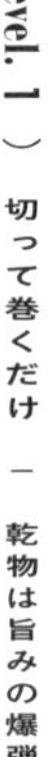

◎材料　3本分
芽キャベツ(12個程度)
スルメ(15g)
春巻の皮(3枚)／サラダ油(大さじ4)
好みで塩(少々)

◎作り方
❶スルメはハサミで3㎜角くらいに切る(切ったスルメ片が跳ねるので、大きめのボウルの中で切るのがお勧め)。芽キャベツは縦半分に切る。
❷春巻の皮の上に①の芽キャベツを横一文字に並べ、スルメを散らしてきっちり巻く。
❸火加減は弱めの中火。スルメの面からじっくり揚げ焼きして、旨みを引き出す。
❹全ての面がキツネ色になったら油を切り、好みで塩を添える。

→ 合わせたいお酒＿コクのあるベルギービール。

餅、カラスミ、キャベツ 14/100

◎材料　3本分

切り餅（1個）

カラスミ（15ｇ）

※アンチョビ（フィレ）でも。その場合の目安は、3枚（ハルマキ1本に対して1枚）

キャベツ（2枚）

春巻の皮（3枚）／サラダ油（大さじ4）／塩（少々）

◎作り方

❶餅は縦6等分に切り分ける。キャベツは5㎝大にちぎる。カラスミは粗くみじん切りにする。

❷春巻の皮の上に、①のキャベツをずらして並べ、その上に餅2切れを横一文字に並べ、カラスミを散らす。

❸キャベツで切り餅とカラスミを巻いてから（写真下）、全体を春巻の皮で巻く。

❹弱めの中火で揚げ焼きし、半分に切り分けて塩を添える。

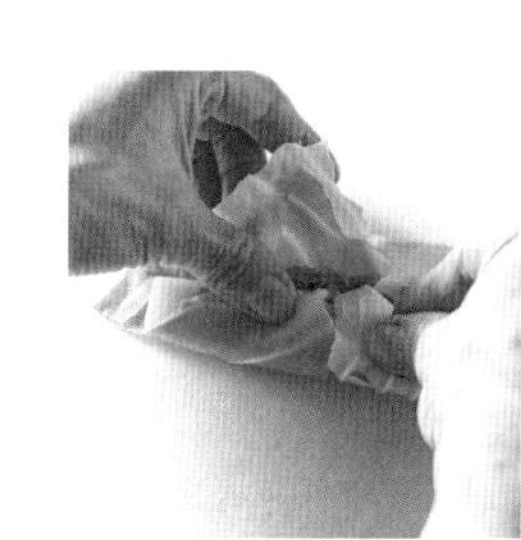

→ 合わせたいお酒＿ふっくらした純米酒を常温で。

グリーンアスパラガスとその皮、ちりめんじゃこ

◎材料　3本分
グリーンアスパラガス(6本)
ちりめんじゃこ(大さじ山盛り1)
春巻の皮(3枚)／サラダ油(大さじ4)
好みで塩(少々)

◎作り方
❶グリーンアスパラガスは、根元から3㎝くらいの硬い部分をポキッと手で折り、下半分の皮をピーラーで剝く(皮も主役のひとつなので、大胆に剝きましょう)。さらに半分に手で折る。
❷春巻の皮の上に、①のグリーンアスパラガス4切れを2段に互い違いに並べ、上に皮を置き、ちりめんじゃこを散らしてきっちり巻く。
❸中火で揚げ焼きし、半分に切り分けて好みで塩を添える。

➜ 合わせたいお酒＿ウォッカのソーダ割りに、レモンを添えて。

16/100

グリーンアスパラガス、カラスミ

(Level. 1) 切って巻くだけ ― 乾物は旨みの爆弾

◎材料　3本分

グリーンアスパラガス(3本)※太めのもの

カラスミ(15g)

春巻の皮(3枚)／サラダ油(大さじ4)／塩(少々)

◎作り方

❶グリーンアスパラガスは、根元から3㎝くらいの硬い部分をポキッと手で折り、下半分の皮をピーラーで剝く。

❷カラスミはできるだけ薄くスライスする。

❸春巻の皮の上に①のグリーンアスパラガスとその皮を置き、上に②のカラスミを並べ、きっちり巻く。

❹弱めの中火で揚げ焼きして、塩を添える。

➜ 合わせたいお酒＿辛口のスパークリングワインをキリリと冷やして。

里芋、春菊の茎、桜海老

◎材料　3本分
里芋(小2個)
春菊の茎(1把分)
桜海老(大さじ山盛り1)
※アンチョビ（フィレ）でも。その場合の目安は3枚（ハルマキ1本に対して1枚）
春巻の皮(3枚)／サラダ油(大さじ4)／塩(少々)
クミンシード(少々)
※アンチョビの場合はクミンシードは不要。好みで塩を。

◎作り方
❶クミンシードと塩を混ぜておく。
❷里芋は皮を剥いて縦6等分（2個で12個になるように）に切り分ける。春菊の茎はみじん切りにする。
❸春巻の皮の上に、②の里芋4個を2個ずつ2列に並べ、春菊の茎と桜海老を散らしてきっちり巻く。
❹弱火でじっくり揚げ焼きし、半分に切り分けて①のクミン塩を添える。

●春菊の葉を使ったハルマキ ➜ P.61

→ 合わせたいお酒＿ゆるりとお好みの焼酎をお湯割で。

18/100

しらす、新じゃがいも、焼き海苔

(Level. 1) 切って巻くだけ ― 乾物は旨みの爆弾

◎材料　3本分

しらす（大さじ3）※好みで増やしても
新じゃがいも（中1個）
焼き海苔（1枚）
春巻の皮（3枚）／サラダ油（大さじ4）／塩（少々）

◎作り方

❶新じゃがいもは皮を剝き、薄く輪切りにして5㎜幅に切り分ける。
❷春巻の皮の上に、①の新じゃがいもを置き、焼き海苔をちぎってのせ、しらすを散らしてきっちり巻く。
❸火加減は弱火。新じゃがいもの面からじっくり揚げ焼きし、半分に切り分けて塩を添える。

➜ 合わせたいお酒＿白ビール。または、軽めのビールにレモンを搾って。

19/100

はんぺん、アボカド、韓国海苔

◎材料　3本分

はんぺん(1/2枚)

アボカド(1/2個)

韓国海苔(3枚)

※なければ焼き海苔1/2枚

柚子胡椒(小さじ1)

春巻の皮(3枚)／サラダ油(大さじ4)／塩(少々)

◎作り方

❶はんぺんは縦3等分に、アボカドは半分に切り分け、種をくり抜いたら皮を剥き、縦6枚にスライスする。

❷春巻の皮の上に①のはんぺんを置き、上にアボカド2枚をのせ、柚子胡椒を薄く塗り(写真下)、韓国海苔をひと口大にちぎって被せ、巻く。

❸火加減は中火。はんぺんの面から揚げ焼きし、半分に切り分けて塩を添える。

※はんぺんが膨らむので、あまりギチギチに巻かないようにしましょう。

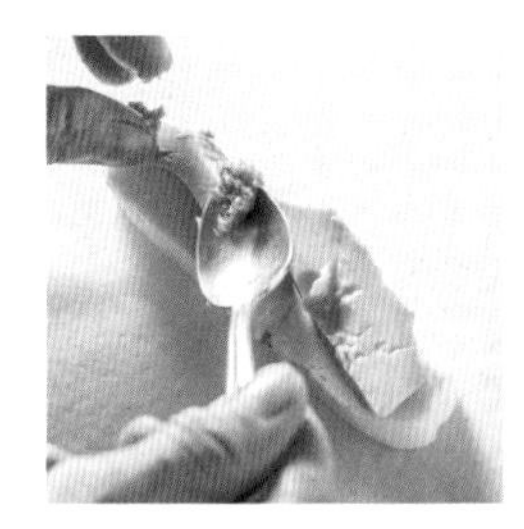

→ 合わせたいお酒＿ハイボール！ レモンを添えても。

クミンシード、コリアンダーシード、黒粒胡椒は名脇役

ハルマキNo.
20～26／100

ハルマキで一番活躍しているスパイスはクミンシード。次いで、コリアンダーシード、黒粒胡椒です。この３つはハルマキの強い味方。パウダーでなく、ホールを使っているのは、噛んだ時の弾ける感じと香ばしさが抜群によいから。とくにクミンシードは最強。ひと瓶買っておくことをお勧めします。スパイスをホールのまま少し使うだけで、全体の味わいが、グッとおつまみよりになります。

新生姜、ドライマンゴー、クミンシード

◎材料　3本分
新生姜(100g)
ドライマンゴー(6枚)
クミンシード(小さじ½)
春巻の皮(3枚)／サラダ油(大さじ4)
好みで塩(少々)

◎作り方
❶新生姜は皮付きのまません切りに、ドライマンゴーもせん切りにする。
❷春巻の皮の上に新生姜を置き、ドライマンゴーをのせ、クミンシードを散らしてきっちり巻く。
❸火加減は弱めの中火。生姜の面から揚げ焼きし、半分に切り分けて塩を添える。

→ 合わせたいお酒＿スパイシーな、あまり重くない赤ワイン。

21/100

スナップエンドウ、蕪、クミンシード

(Level. 1) 切って巻くだけ ― クミンシード、コリアンダーシード、黒粒胡椒は名脇役

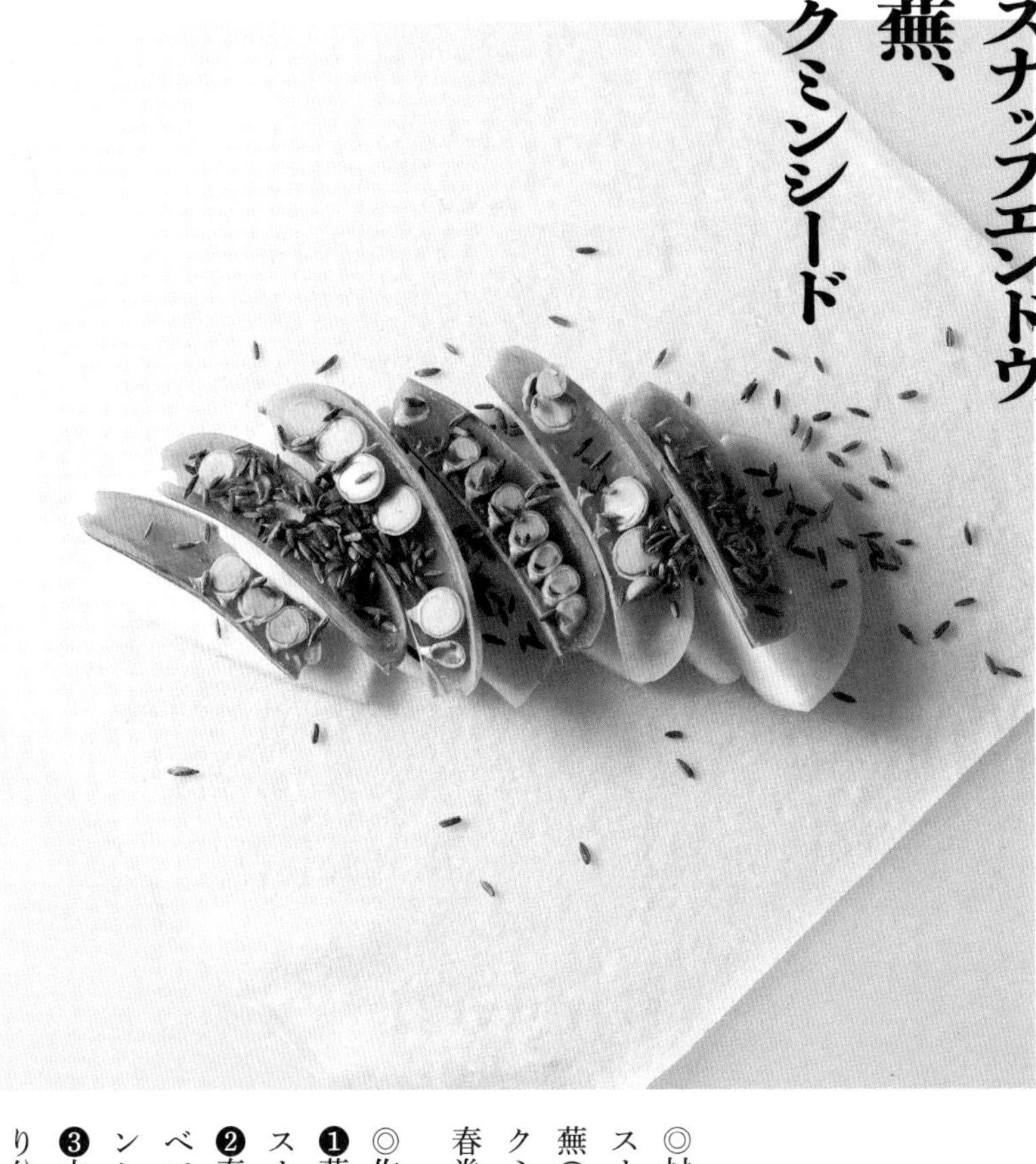

◎材料　3本分
スナップエンドウ(9さや)
蕪(中1個)
クミンシード(小さじ2)
春巻の皮(3枚)／サラダ油(大さじ4)／塩(少々)

◎作り方
❶蕪は皮つきのまま半分に切り、2㎜幅に薄くスライス、スナップエンドウは筋を取り縦半分に切り分ける。
❷春巻の皮の上に、①の蕪を少し重なるようにずらして並べて、上にスナップエンドウの断面を上にして置き、クミンシードを散らし、きっちり巻く。
❸火加減は弱めの中火。蕪の面から揚げ焼きし、半分に切り分けて塩を添える。

➜ 合わせたいお酒＿どんなお酒とも合う万能ハルマキ。お好みで。

カリフラワー、金柑、クミンシード

◎材料　3本分
カリフラワー（120g）
金柑（3個）
クミンシード（小さじ1）
春巻の皮（3枚）／サラダ油（大さじ4）／塩（少々）

◎作り方
❶カリフラワーは1㎝大のざく切りにする。
❷金柑は横半分に切り、さらに4等分に切り分ける（種は取らない）。
❸春巻の皮の上に①のカリフラワーを置き、中央に②の金柑を横一文字に並べ、上からクミンシードを散らして、きっちり巻く。
❹火加減は弱めの中火。カリフラワーの面から揚げ焼きして、塩を添える。

※金柑の種は、揚げ焼きするとホックリ、さらにかすかな苦みが全体のアクセントになります。取らないで、必ずそのまま巻きましょう。

23/100 ゆり根、ピスタチオ、黒粒胡椒

(Level. 1) 切って巻くだけ ― クミンシード、コリアンダーシード、黒粒胡椒は名脇役

◎材料　3本分
ゆり根（1個）
ピスタチオ（20粒）
黒粒胡椒（20粒）
春巻の皮（3枚）／サラダ油（大さじ4）／塩（少々）

◎作り方
❶ゆり根はばらして一片ずつきれいに洗い、ペーパータオルなどで丁寧に水けを拭き取る。
❷殻を剝いたピスタチオと黒粒胡椒は包丁の腹で粗く潰す。
❸春巻の皮の上に①のゆり根を一片ずつ、内側を重ねるように横一文字に並べ、②のピスタチオと黒胡椒を上に散らし、きっちり巻く。
❹弱めの中火で揚げ焼きして、塩を添える。

→ 合わせたいお酒＿軽めの赤ワインを少し低めの温度で。

24/100

ビーツ、くるみ、黒粒胡椒

◎材料　3本分

ビーツ(150g)

くるみ(15粒)

黒粒胡椒(15粒)

春巻の皮(3枚)／サラダ油(大さじ4)／塩(少々)

◎作り方

❶ビーツは皮を剝き、5㎝くらいの棒状6本に切り分ける。

❷黒粒胡椒は包丁の腹で粗く潰す。

❸春巻の皮の上に①のビーツを2本ずつ置き、上にくるみを並べたら②の黒胡椒を散らし、きっちり巻く。

❹火加減は弱火。ビーツの面から揚げ焼きし、半分に切り分けて塩を添える。中心に火が通るまで20分くらいかかります。弱火でジワジワと火を通すことで、ビーツがよりホックリ甘くなります。

→ 合わせたいお酒＿シラーなど、柔らかな果実味の赤ワインと。

25/100

とろとろ春菊、コリアンダーシード

（Level. 1）切って巻くだけ ― クミンシード、コリアンダーシード、黒粒胡椒は名脇役

◎材料　3本分

春菊の葉（2/3把分）※茎からはずしておく。17、26本目で茎は使用
コリアンダーシード（小さじ2）
春巻の皮（3枚）／サラダ油（大さじ4）／塩（少々）

◎作り方

❶コリアンダーシードは包丁の腹で粗く潰す。
❷春巻の皮の上に、春菊の葉を横一文字にこんもりと置き、①のコリアンダーシードを散らし、ギュッときつめに巻く。
❸中火で揚げ焼きして、皮から春菊の緑が見えるようになったら、油をしっかり切ってひと口大（3等分くらい）に切り分け、塩を添える。短時間で緑色になるので、よく見ていましょう。

※切らずに1本丸ごと食べたい人は、春菊の葉を3cmくらいの長さに切ってから巻きましょう。レシピの通りにそのまま巻くと、かじったときにズルッと具が抜けてしまいます。

→ 合わせたいお酒＿キリリと冷やしたビール、またはウォッカをロックで。

ピータン、アボカド、春菊の茎

◎材料　3本分
ピータン（2個）
アボカド（1個）
25本目で使わなかった春菊の茎（全部）
春巻の皮（3枚）／サラダ油（大さじ4）／塩（少々）
粉山椒（少々）

◎作り方
❶アボカドは半分に切り、種を取る。ピータンは殻を剝き大きめにざく切り、春菊の茎は粗くみじん切りにする。
❷春巻の皮の上に①の春菊の茎を散らし、その上にピータンを並べ、アボカドをスプーンですくってのせ、きっちり巻く。
❸火加減は弱めの中火。春菊の面から揚げ焼きし、粉山椒と塩を混ぜ合わせた山椒塩を添える。

●春菊の茎だけ使ったハルマキ ➡ P.52

➜ 合わせたいお酒＿紹興酒やシェリーなど、コックリしたお酒と。

(Level. 1) 切って巻くだけ

薬味、ハーブは飾りじゃない

ハルマキNo.
27〜38 ／100

「薬味とハーブは飾りじゃなくて食べる物」が、課長のモットー。脇役というよりは準主役的な存在として抜擢しています。具を皮で密封して、味や香りを閉じ込めることができるのが、ハルマキのよいところ。薬味やハーブをうまく使うと、かじった時の香りの爆発力がさらにパワーアップします。香りは美味しさの大事な要素。薬味とハーブは惜しみなく使ってみましょう。

27/100

パセリ、ニンニク

（ Level. 1 ） 切って巻くだけ ― 薬味、ハーブは飾りじゃない

◎材料　3本分
パセリ（50g）※小さめの枝で、8〜9本分
ニンニク（4かけ）
春巻の皮（3枚）／サラダ油（大さじ5）／塩（少々）

◎作り方
❶パセリは葉の部分を手でばらす。茎はみじん切りに、ニンニクは薄くスライスする。
❷春巻の皮の上にパセリをのせ、ニンニクを並べ、ほんの少しゆるめに巻く。きっちり巻き過ぎるとパセリが広がって、皮が破けやすくなるので注意しましょう。
❸弱めの中火で揚げ焼きして、塩を添える。

→ 合わせたいお酒＿とにかくビール！

28/100

ザーサイ、きゅうり、大葉

（ Level. 1 ） 切って巻くだけ ― 薬味、ハーブは飾りじゃない

◎材料　3本分
ザーサイ（15枚）※スライスした状態で
きゅうり（1本）
大葉（15枚）
白ごま（小さじ1）
春巻の皮（3枚）／サラダ油（大さじ4）

◎作り方
❶ザーサイは薄くスライスし、水（分量外）を張ったボウルに入れて好みの味になるまで塩抜きをする。
❷きゅうりは両端を切り落とし半分に切り分け、さらに縦4等分にする。
❸春巻の皮の上に大葉を5枚重ね、上に水けをギュッと絞った①のザーサイ5枚ときゅうりを置き、白ごまを散らす。まず大葉で具を巻いてから、全体を皮できっちり巻く。
❹弱めの中火で揚げ焼きして、半分に切り分ける。

➜ 合わせたいお酒＿ビール！ 絶対ビール！！

茄子、大葉2種の風味で

◎材料　4本分
茄子（2本）
大葉（8枚）
赤味噌（小さじ1）
梅干し（½個）
春巻の皮（4枚）
サラダ油（大さじ6）

◎作り方
❶茄子はヘタを取り、縦半分に切り分け、背に3㎜幅で斜めの切り目を入れる。
❷梅干しは種を取り除き、包丁で叩いておく。
❸①の茄子の切った面に2個分は赤味噌を、残りは②の梅肉をまだらに塗る（写真下）。
❹春巻の皮の上に大葉2枚を敷き、③の茄子の背を上にして置き、茄子の形に添ってきっちり巻く。
❺火加減は弱火。茄子の背のほうからじっくり揚げ焼きして、半分に切り分ける（揚げ焼き時間の目安は20分）。茄子は油をよく吸うので油が少なくなったら、少しずつ追加して揚げ焼きしましょう。

→ 合わせたいお酒＿辛口のロゼワインか、軽めの赤を冷やして。

30/100

しし唐辛子、オイルサーディン、大葉

(Level. 1) 切って巻くだけ ― 薬味、ハーブは飾りじゃない

◎材料　ミニハルマキ6本分
しし唐辛子(12本)
オイルサーディン(6尾)※小さめなら12尾
大葉(12枚)
春巻の皮(3枚)／サラダ油(大さじ4)／塩(少々)

◎作り方
❶春巻の皮は半分に切り分ける。しし唐辛子はヘタを取る。
❷切り分けた春巻の皮の上に、大葉1枚、①のしし唐辛子2本、オイルサーディン1尾の順に置き、大葉1枚を上から被せ（写真下）、きっちり巻く。
❸弱めの中火で揚げ焼きして、好みで塩を添える。

→ 合わせたいお酒＿ラガー系の苦味がくっきりしたビールと。

31/100

みょうが、ドライトマトのオイル漬け、大葉

◎材料　ミニハルマキ6本分
みょうが(6個)
ドライトマトのオイル漬け(4枚)
クリームチーズ(大さじ1)
大葉(6枚)
春巻の皮(3枚)／サラダ油(大さじ4)

◎作り方
❶みょうがは縦半分に切り分ける。ドライトマトのオイル漬けは、油分をペーパータオルなどでしっかり拭き取り、ざく切りにする。
❷春巻の皮は半分に切る。
❸春巻の皮の上に大葉を敷き、①のみょうがの切り口を上にしてのせ、クリームチーズを塗ったら①のドライトマトのオイル漬けを並べ、もう半分のみょうがで蓋をする（写真下）。
❹まず大葉でみょうがを巻いてから、春巻の皮でさらにきっちり巻く。
❺弱火で揚げ焼きして、ひと口大に切り分ける。

→ 合わせたいお酒 _ 柔らかな味わいの純米酒を軽く冷やして。

32/100 長芋、ミニトマト、チーズ、大葉

（ Level. 1 ） 切って巻くだけ ─ 薬味、ハーブは飾りじゃない

◎材料　3本分
長芋（8㎝）
※細めなら10㎝／150g程度
ミニトマト（6個）
ピザ用チーズ（30g）
大葉（6枚）
春巻の皮（3枚）／サラダ油（大さじ4）／塩（少々）

◎作り方
❶長芋は皮を剝き、太さ5㎜くらいのせん切りに、ミニトマトはヘタを取り十文字に4等分に切り分け、水けを手でギュッと絞る。
❷春巻の皮に①の長芋を並べ、ミニトマト、ピザ用チーズを散らし、大葉を上から被せて（写真下）、きっちり巻く。
❸弱めの中火で揚げ焼きして、塩を添える。
※トマトの水けは、しっかり絞って使いましょう。長芋は太さが揃わなくても大丈夫。むしろ不揃いのほうが、食感が変わって美味しくなります。

→ 合わせたいお酒＿焼酎ロック。お好みのタイプで。

33/100

豚肉、ミニトマト、大葉

◎材料　3本分
豚ロース薄切り(3枚)
ミニトマト(15個)※小さめのもの
大葉(6枚)
塩麹(小さじ½)
春巻の皮(3枚)／サラダ油(大さじ4)

◎作り方
❶ミニトマトはヘタを取る。
❷春巻の皮の上に大葉、豚肉の順に広げ、塩麹を薄く塗ったら①のミニトマトを横一文字に並べ、きっちり巻く。
❸弱火で揚げ焼きして、半分に切り分ける。途中、かなり油が跳ねるので注意しましょう。
※小さめのミニトマトを使いましょう。大きめだと、かじった時にトマトの汁が一気に垂れる場合があるので、要注意。

→ 合わせたいお酒＿ガブガブ飲める赤ワインを炭酸で割って。

34/100

りんご、豚肉、生姜、クミンシード

（Level. 1） 切って巻くだけ ― 薬味、ハーブは飾りじゃない

◎材料　3本分
りんご（1/2個）
豚ロース薄切り（3枚）
生姜（45g）
クミンシード（小さじ2）
春巻の皮（3枚）／サラダ油（大さじ4）／塩（少々）

◎作り方
❶りんごは皮付きのまま3等分のくし切りにし、芯を取ったら2㎜幅にスライスする。
❷生姜は皮付きのまま みじん切りにする。
❸春巻の皮の上に豚ロースを広げ、①のりんごを少し重なるようにずらして並べ、上に②の生姜、クミンシードを散らし、きっちり巻く。
❹火加減は弱火。豚肉の面から揚げ焼きし、半分に切り分けて塩を添える。

※生姜の量の多さに驚かれると思いますが、「え？　こんなに」というくらいが美味しいです。思い切って入れましょう。

→ 合わせたいお酒＿辛口のリースリング。

かぼちゃ、かぼちゃの種、生姜

◎材料　3本分
かぼちゃ(70g)※中サイズ¼個を、5㎜幅にスライスして3枚ほど
生姜(50g)
かぼちゃの種(大さじ3)
春巻の皮(3枚)／塩(少々)
粉山椒(少々)

◎作り方
❶塩と粉山椒を混ぜておく。
❷かぼちゃは5㎜幅の細切りにしてボウルに入れる。
❸生姜は皮付きのまません切りにし、②に加え混ぜる。
❹春巻の皮の上に③を置き、かぼちゃの種を散らしたら、きっちり巻く。
❺弱火で揚げ焼きして、①の山椒塩を添える。

➜ 合わせたいお酒＿ギネスなど黒ビールを冷やし過ぎない温度で。

36/100

舞茸、パクチー、アーモンド

（Level. 1）切って巻くだけ — 薬味、ハーブは飾りじゃない

◎材料　3本分

舞茸（100g）※1パック分くらい

アーモンド（9粒）

パクチー（9本）

春巻の皮（3枚）／サラダ油（大さじ4）／塩（少々）

◎作り方

❶舞茸は手で6つに株分けする。アーモンドは包丁の腹で潰す。パクチーは茎ごとざく切りにする。

❷春巻の皮の上に、①の舞茸2個を互い違いに並べ、上にアーモンドを散らし、パクチーを置いて巻く。きっちり巻き過ぎると皮が破れやすくなるので注意して巻きましょう。

❸弱めの中火で揚げ焼きし、半分に切り分けて塩を添える。

→ 合わせたいお酒＿軽めの赤ワイン。または、ふっくらした純米酒。

原木しいたけ、ドライプルーン、パクチー

◎材料　3本分
原木しいたけ（9個）
ドライプルーン（3個）
パクチー（12本）
春巻の皮（3枚）／サラダ油（大さじ4）／塩（少々）

◎作り方
❶しいたけは軸を取り、手で傘の部分を半分に割る。
❷ドライプルーンは粗くみじん切りに、パクチーは2㎝長さのざく切りにする。
❸春巻の皮の上に①のしいたけを横一列に立てて並べ、間にドライプルーンを挟み（写真下）、脇にパクチーを添え、きっちり巻く。
❹火加減は弱めの中火。平らな面から揚げ焼きし、半分に切り分けて塩を添える。

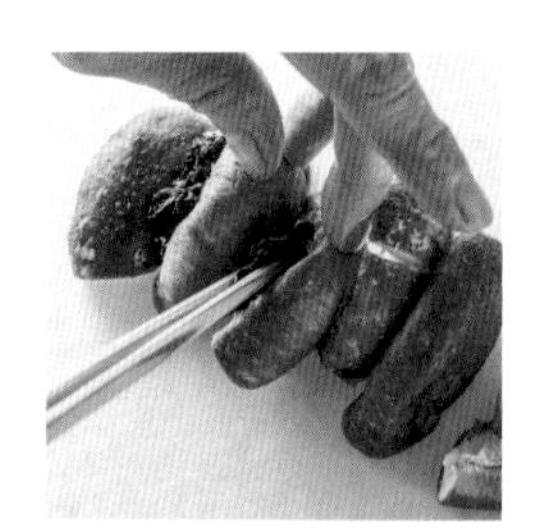

→ 合わせたいお酒＿すべてのタイプの赤ワイン。軽くても重くても。

38/100 鶏ささ身、ゴボウ、ドライプルーン

（Level. 1）切って巻くだけ ― 薬味、ハーブは飾りじゃない

◎材料　4本分
鶏ささ身（2本）
ドライプルーン（6個）
ゴボウ（20cm）
塩（少々）
春巻の皮（3枚）／サラダ油（大さじ4）

◎作り方
❶鶏ささ身はペーパータオルなどで水けを丁寧に拭き取り、筋を取って縦半分に切り分けたら、全体に軽く塩を振る。ゴボウは5cm長さのせん切りに、ドライプルーンは粗くみじん切りにする。
❷春巻の皮の上に①のゴボウを敷き、上に鶏ささ身をのせ、ドライプルーンを全体に散らし、きっちり巻く。
❸火加減は弱火。ゴボウの面から揚げ焼きし、半分に切り分けて塩を添える。ゴボウはこんがり焼いたほうが美味しいので、気長に焼きましょう。

→ 合わせたいお酒＿果実味豊かな軽めの赤ワイン。

香りから組み合わせを考える

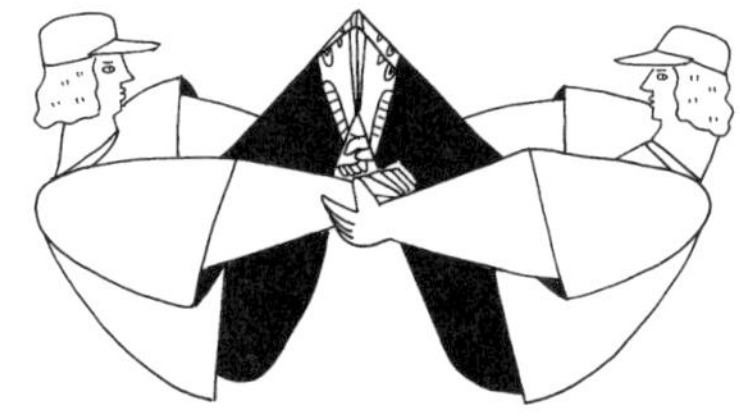

ハルマキNo.
39 〜 42 ／100

前項では香りの大切さを取り上げたので、ここでは少し深掘りして上級編。主役の香りから具の組み合わせを考えます。まず、好きな香りの具を探して、次に、主役と合わせてきれいに感じる色合いの脇役を選びます。課長の経験では、素材の香りと色の関係性は深く、きれいな組み合わせは大抵美味しい。実はこれ、料理全般にも当てはまる法則。覚えておくと、料理が楽しくなりますよ。

39/100

せり、根っこ、春人参

（ Level. 1 ） 切って巻くだけ ― 香りから組み合わせを考える

◎材料　3本分

せり（9本）※根っこがついたもの

春人参（1/2本）※普通の人参でも

春巻の皮（3枚）／サラダ油（大さじ4）

クミンシード（少々）

塩（少々）

◎作り方

❶クミンシードと塩を混ぜておく。

❷せりは根っこの部分をよく洗ってペーパータオルなどで水けを完全に拭き取り、根っこごと1㎝長さのざく切りにする。

❸春人参は、3㎜太さくらいのせん切りにする。

❹春巻の皮の上に③の春人参を置き、上に②のせりと根っこをのせ、きっちり巻く。

❺火加減は弱めの中火。春人参の面から揚げ焼きして、①のクミン塩を添える。せりの部分は破れやすいので、短時間で火を入れましょう。

→ 合わせたいお酒＿ハイボールにレモンを搾って。

40/100

みょうが、長芋、赤味噌

◎材料　3本分
みょうが（4個）
長芋（12㎝）
赤味噌（小さじ2）
春巻の皮（3枚）／サラダ油（大さじ4）

◎作り方
❶みょうがは縦6等分に切り分ける。長芋も皮を剝き、縦6等分に切り分ける。
❷春巻の皮の上に①の長芋2本を置き、上に赤味噌をまだらに塗ったらみょうがをのせ、きっちり巻く。
❸火加減は弱火。長芋の面から揚げ焼きして、半分に切り分ける。

→ 合わせたいお酒＿純米酒。ぬる燗なら、なお良しです。

41/100

ふきのとう、ドライマンゴー、赤味噌

◎材料　3本分

ふきのとう(18個)※大きめなら9個を縦半分に切り分ける

ドライマンゴー(6枚)

赤味噌(小さじ1)

春巻の皮(3枚)／サラダ油(大さじ4)

◎作り方

❶ドライマンゴーはハサミで1cm角に切り分ける。

❷春巻の皮の上にふきのとうを横一文字に並べ、赤味噌をまだらに塗ったら、上にドライマンゴーを散らし、きっちり巻く。

❸火加減は弱めの中火。味噌を塗っていない面から揚げ焼きする。

→ 合わせたいお酒＿純米酒。軽めの赤ワインとでも美味しいです。

42/100

むき甘栗、ドライイチジク、ほうじ茶の葉

◎材料　2本分

ドライイチジク（4個）※大粒タイプ

イチジクを漬けるお酒（大さじ3）
※好みのもので

むき甘栗（14粒）
※袋入りの「むき甘栗」を使用。甘味料、香料不使用のタイプを選びましょう。

ほうじ茶の葉（大さじ1）

春巻の皮（2枚）／サラダ油（大さじ3）／塩（少々）

◎前日の準備

ドライイチジクは好みのお酒に漬けておく。
※ここでは白ワインを使用。赤ワイン、ブランデー、焼酎などでも。

◎当日の作業

❶イチジクは水けをギュッと絞って半分にちぎり、指で開き平らにする（写真下）。

❷①のイチジク4切れを春巻の皮の上に横一列に並べたら上に栗を置き、ほうじ茶の葉を散らしてきっちり巻く。

❸弱めの中火で揚げ焼きし、3等分に切り分け塩を添える。

→ 合わせたいお酒＿ドライイチジクを漬けたお酒と同じものを。

甘いおつまみの誘惑

（ Level. 1 ） 切って巻くだけ

ハルマキNo.
43 〜 50 ／100

危険と分かっていてもやめられないもの。それは夜更けの甘いおつまみ。ハルマキにするのだから、もちろんカロリーも気になります。でも、たまには自分を甘やかしましょう。仕事に疲れた時、おなかはいっぱいだけれど、もう少し飲みたい時に、ぜひ作ってみてください。「甘いもの」をおつまみのラインナップに加えると、お酒の時間がもっと楽しくなること請け合いです。

43/100

サツマイモ、ゴルゴンゾーラ、ドライイチジク

◎材料　3本分
サツマイモ(5cm)
ゴルゴンゾーラ・ドルチェ(10g)
ドライイチジク(2個)
※前日のうちに大さじ2の白ワインまたは水に浸して戻しておくと、より美味しいですが、そのままでも大丈夫。
春巻の皮(3枚)/サラダ油(大さじ4)/塩(少々)

◎作り方
❶サツマイモは皮つきのまま、5mm厚さのスティック状に切り分ける。戻したイチジクはギュッと水けを絞って(戻さないなら、そのまま)粗くみじん切りにする。
❷春巻の皮の上に①のサツマイモを置き、その上に2〜3か所に分けてゴルゴンゾーラをのせ、①のイチジクを満遍なく散らして、きっちり巻く。
❸弱火でじっくり揚げ焼きして、塩を添える。

➜ 合わせたいお酒＿スパイシーな赤ワイン。

44/100

みかん、皮、チョコレート

(Level. 1) 切って巻くだけ ― 甘いおつまみの誘惑

◎材料　2本分
みかんの皮(2個分)
みかんの実(1個分)
ブラックチョコレート(20g)
コリアンダーシード(20粒)
春巻の皮(2枚)／サラダ油(大さじ3)
好みで塩(少々)

◎作り方
❶みかんはタワシなどで皮を擦って磨くように洗い、水けをペーパータオルなどで丁寧に拭き取ってから剝く。
❷春巻の皮の上に①のみかんの皮を横一文字に並べたら、実をひと房ずつ置き、チョコレートを手で割ってのせ、コリアンダーシードを散らし、さらに上からみかんの皮を被せて(写真下)きっちり巻く。
❸弱めの中火で揚げ焼きし、半分に切り分けて塩を添える。

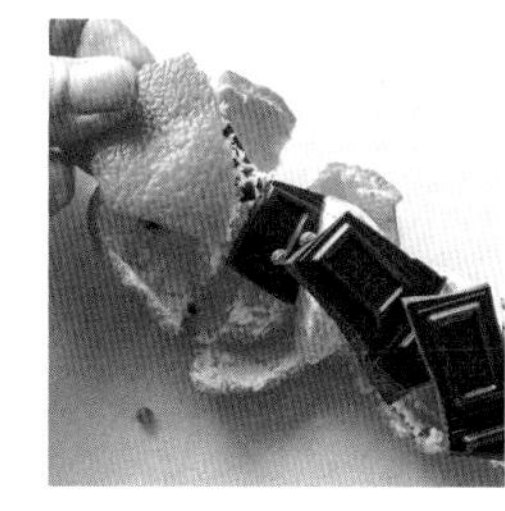

➜ 合わせたいお酒＿コニャックやカルヴァドスなど、琥珀色の蒸留酒と。

ぶどう、6Pチーズ、アーモンド

◎材料　3本分
巨峰など好みのぶどう(9粒)
6Pチーズ(3個)
アーモンド(15粒)
春巻の皮(3枚)／サラダ油(大さじ4)

◎作り方
❶ぶどうは皮ごと半分に切り分け、種がある場合は取り除く。6Pチーズは三角形に6等分にする。アーモンドは包丁の腹で潰す。
❷春巻の皮の上に①のぶどうを横一文字に置き、カーブを埋めるようにチーズをはめ込み（写真下）、上にアーモンドを散らして、きっちり巻く。
❸弱めの中火で揚げ焼きする。
※熱しても溶けないようにプロセスチーズを使います。私は6Pチーズが最高と思っていますが、お好きなもので。

→ 合わせたいお酒＿軽めの赤ワイン。ぶどうにはぶどうで。

46/100

冷凍マンゴー、ピーマン、クミンシード

◎材料　ミニハルマキ6本分

冷凍カットマンゴー（12個）

ピーマン（3個）

クミンシード（小さじ1）

春巻の皮（3枚）／サラダ油（大さじ4）／塩（少々）

◎作り方

❶ピーマンは縦4等分にして、種を取る。

❷春巻の皮は半分に切り分ける。

❸春巻の皮の上に①のピーマンをのせ、凹みにマンゴーを2個並べる。上からクミンシードを散らしたら（写真下）、もう1切れのピーマンで蓋をして、きっちり巻く。

❹弱火で揚げ焼きして、塩を添える。

➜ 合わせたいお酒＿テキーラの炭酸割り。軽めのビールにライムを搾っても。

47/100

冷凍マンゴー、餅、6Pチーズ

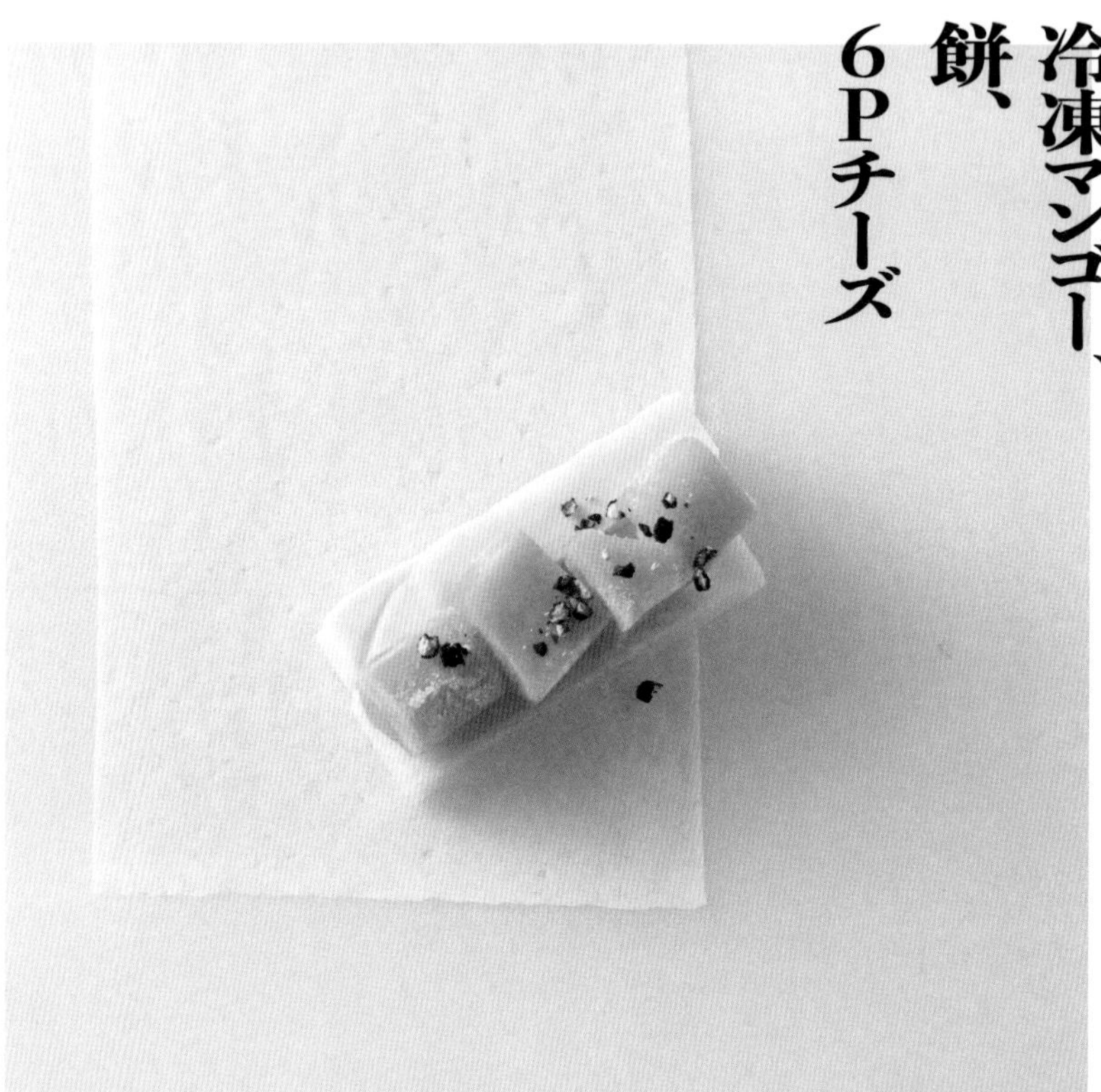

◎材料　ミニハルマキ6本分
冷凍カットマンゴー（12個）
切り餅（1個）
6Pチーズ（3個）
黒粒胡椒（15粒）
春巻の皮（3枚）／サラダ油（大さじ4）
好みで塩（少々）

◎作り方

❶餅は縦6等分に切り分ける。マンゴーはひと切れを半分に、6Pチーズは放射線状に4等分に切り分ける。黒粒胡椒は包丁の腹で粗く潰す。

❷春巻の皮は半分に切り分ける。

❸春巻の皮の上に①の切り餅1枚と6Pチーズ2つを並べ、餅の上にマンゴー4切れを置き、黒胡椒を散らしたら、きっちり巻く。

❹火加減は弱火。餅の面からじっくり揚げ焼きして、塩を添える。揚げ焼き時間の目安は、餅の面が7割、マンゴーの面が3割くらいで。餅はじっくり焼いて、とろけさせましょう。

→ 合わせたいお酒＿軽快にスパークリングワインを抜いて。

48/100 カステラ、くるみ

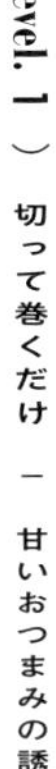

(Level. 1) 切って巻くだけ ― 甘いおつまみの誘惑

◎材料　ミニハルマキ4本分

カステラ（2切れ）※約100g

くるみ（12粒）

春巻の皮（2枚）／サラダ油（大さじ3）／塩（少々）

◎作り方

❶カステラは横半分に切り分ける。

❷春巻の皮は半分に切り分ける。

❸春巻の皮の上にカステラをのせ、くるみ3粒を埋め込み、きっちり巻く。

❹弱めの中火で揚げ焼きして、塩を添える。

→ 合わせたいお酒＿辛口のマデイラワイン。または琥珀色の蒸留酒。

49/100

いちご、マシュマロ、粉山椒

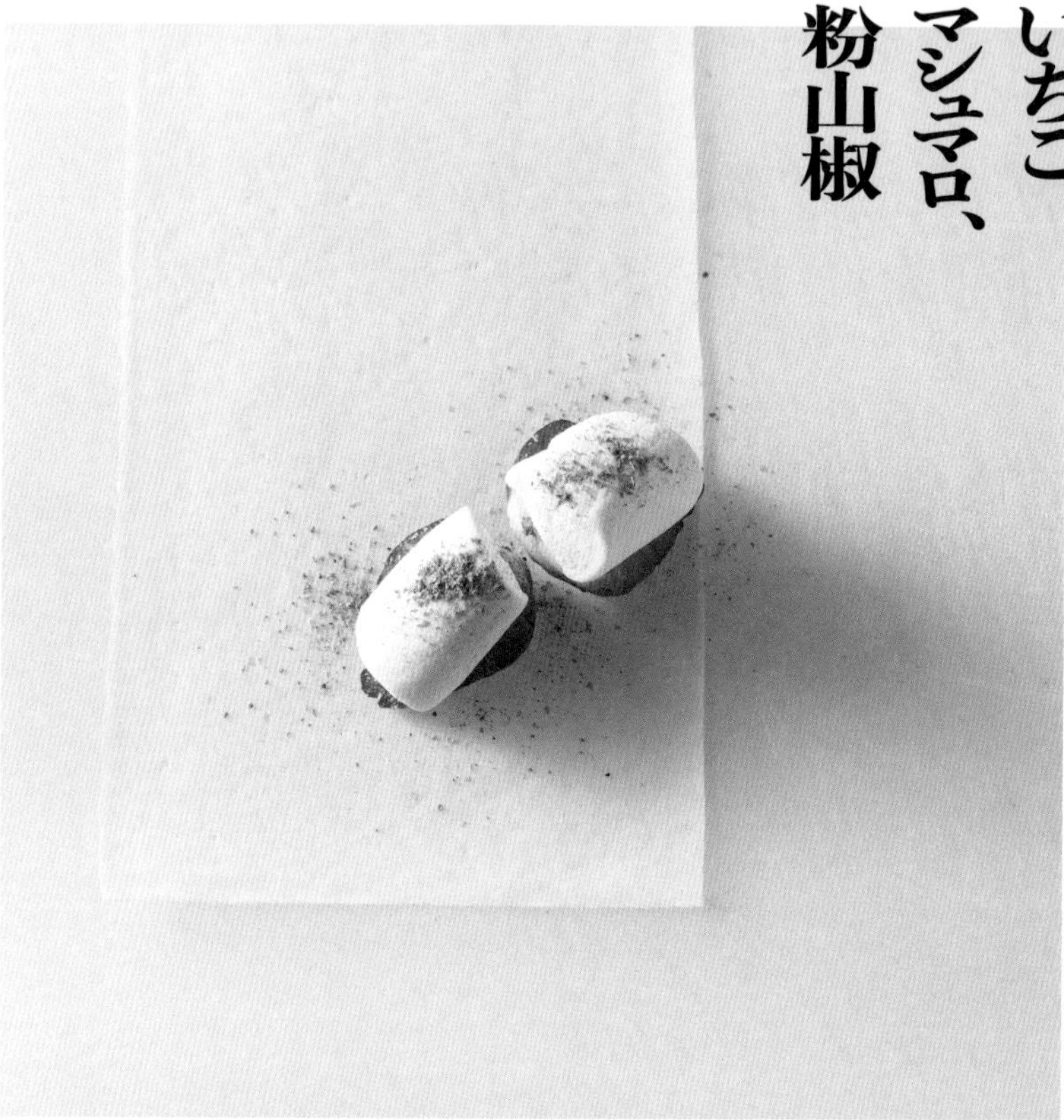

◎材料　ミニハルマキ4本分
いちご(4個)
マシュマロ(4個)
粉山椒(ハルマキ1本につきひとつまみ)
春巻の皮(2枚)／サラダ油(大さじ3)

◎作り方
❶マシュマロといちご、春巻の皮は半分に切り分ける。
❷春巻の皮の上に、①のいちご2個を切り口を上にして斜めに並べ、その上にマシュマロをのせたら粉山椒を散らしてきっちり巻く。
❸火加減は中火。いちごの面から揚げ焼きする。
❹いちごの面がキツネ色になったら裏返し、10秒間（ゆっくり数えて）揚げ焼きする。

※マシュマロが溶けて皮からはみ出るのを防ぐために、まずいちごの面をじっくり焼きます。マシュマロの面は10秒程度揚げ焼きすれば、ちょうどよい具合に仕上がります。もちろん、溶け出てしまっても美味しいですよ。

➜ 合わせたいお酒＿カヴァやスプマンテなど、優しい泡立ちのスパークリングワイン。

50/100 餅、茹で小豆、ゴルゴンゾーラ

◎材料　2本分

切り餅(1個)

茹で小豆(大さじ4)

ゴルゴンゾーラ・ドルチェ(20g)

春巻の皮(2枚)／サラダ油(大さじ3)／塩(少々)

◎作り方

❶餅は縦に4等分に切り分ける。

❷春巻の皮の上に①の餅2切れを横一列に並べ、茹で小豆とゴルゴンゾーラをのせ、きっちり巻く。

❸火加減は弱めの中火。餅の面から揚げ焼きし、半分に切り分けて塩を添える。揚げ焼き時間の目安は、餅の面が7割、残りが3割くらいで。餅はじっくり焼いて、とろけさせましょう。

※茹で小豆のとろみが皮に滲みないうちに、巻いたらすぐに揚げ焼きしましょう。

→ 合わせたいお酒＿メルロやシラーなど、渋みが少ない赤ワイン。

Level. 2

ちょっとひと仕事

ひと手間かけて、さらに美味しく

切って巻くだけに慣れてきたら次のステップです。春巻の皮は、その広さのおかげで、あらゆるものを巻けますが、具によっては、そのまま巻くのが難しい場

合もあります。

例えば、水分が多い具は皮が破れやすくなるし、ばらけやすい具は、食べにくい。

そんな時、巻く前にひと仕事することで問題を解決できるコツをご紹介します。

さらに、見ても楽しく、食べて美味しいハルマキワールドを深めるべく、ひと手間かけて、断面に驚きがあるハルマキや、缶詰などの加工食品でご馳走感あるハルマキを作ってみました。

ちょっとひと仕事するけれど、巻ける具のヴァリエーションが増えると、ハルマキ作りがさらに楽しくなります。一緒に可能性を広げていきましょう。

水けを制するものがハルマキを制す

ハルマキNo.
51〜61 ／100

ハルマキの敵、それは水分。大さじ４の少ない油とはいえ、具の水分が多いとバチバチと跳ね、皮が破れる原因となるので要注意。「じゃあ、止しとくか」と諦めるのは早いです。ジューシーな具はハルマキにしても美味しいので、その可能性を摘んでしまうのはもったいない。ひと手間かけて水けを丁寧に取り除いてから巻けば大丈夫。水け対策をマスターすれば、巻ける具の範囲が広がりますよ。

51/100

春キャベツ＋好きな脇役ひとつ

(Level. 2)　ちょっとひと仕事 ― 水けを制するものがハルマキを制す

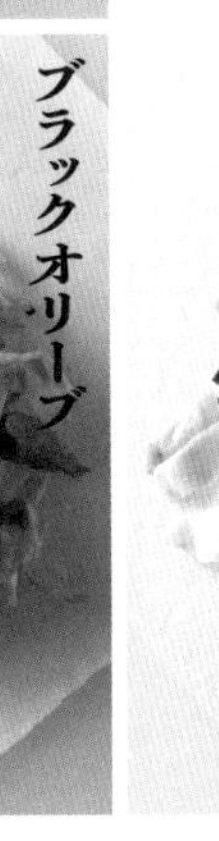

青海苔

ブラックオリーブ

塩昆布

◎材料　3本分
春キャベツ（6枚）
塩（少々）／春巻の皮（3枚）／サラダ油（大さじ4）
今回、キャベツと合わせたのは
塩昆布（15本）
青海苔（小さじ2）
ブラックオリーブ（4粒）　※粗くみじん切りにしておく

◎作り方

❶春キャベツは芯を取り、5㎜幅くらいの太めのせん切りにしボウルに入れ、塩ひとつまみをまぶして、しんなりするまで30分ほど置く。

※しんなりさせないと、火を入れたときに皮が破れやすくなります！
※水切りに関してはp.24参照。

❷①のキャベツの水けを固く絞ったら3つのボウルに分け、それぞれに1種ずつ具材を加え、よく混ぜる。

❸春巻の皮に②をのせ、ギュッと押さえながら、きっちり巻く。

❺弱めの中火で揚げ焼きして、塩を添える。

→ 合わせたいお酒＿焼酎ハイボール（麦がおすすめ）、または白ビールに軽くレモンを搾って。

52/100

セロリ、レモンの皮

◎材料　3本分
セロリ（1本）※葉が少なければ2本
レモンの皮（1個分）
春巻の皮（3枚）／サラダ油（大さじ4）
皮を削いで残ったレモンの身（好みで少々）

◎作り方
❶セロリは繊維に対して垂直に2㎜幅くらいにスライス、葉の部分は茎ごと粗くみじん切りにする。
❷レモンの皮は、できるだけ薄くせん切りにする。
❸①と②をボウルに入れ、塩ひとつまみ（分量外）をまぶして全体を混ぜ、しんなりするまで20分ほど置く（写真下）。
❹③の水けをギュッと絞って春巻の皮の上に置き、きっちり巻く。
❺弱めの中火で揚げ焼きする。好みでレモンを搾りながらどうぞ。

→ 合わせたいお酒＿香りのよい白ワインをキリリと冷やして。

53/100

パセリ、パプリカ、黒粒胡椒

（ Level. 2 ） ちょっとひと仕事 ― 水けを制するものがハルマキを制す

◎材料　3本分

パプリカ（1個）

パセリ（25g）※切り分けた状態でひとつかみ半程度

黒粒胡椒（30粒）

春巻の皮（3枚）／サラダ油（大さじ4）／塩（少々）

◎作り方

❶パプリカは、縦半分に切り分けたら種を取り、繊維に対し垂直にせん切りにしてボウルに入れ、塩ひとつまみを全体にまぶして15分ほど置く。パセリの葉は1㎝長さにざく切り、茎はみじん切りにする。

❷黒粒胡椒は包丁の腹で粗く潰す。

❸パプリカがしんなりしたら、水けをギュッと絞る。

❹春巻の皮の上に③のパプリカを置き、①のパセリ、②の黒胡椒を散らして巻く。

❺弱めの中火で揚げ焼きし、半分に切り分けて塩を添える。

※巻いてから、できるだけ早く揚げ焼きしましょう。時間をおくと、パプリカから水分が出て、皮が破れやすくなるので注意。

➜ 合わせたいお酒＿ギネスなど、こっくりした味わいの黒ビール。

54/100 紅白なます

◎材料　3本分
紅白なます(180g)※しっかりと水けを絞った状態で
春巻の皮(3枚)／サラダ油(大さじ4)

◎作り方
❶春巻の皮の上になますを横長に置き、きっちり巻く。
❷中火で揚げ焼きする。

ローゼンタールのなます

◎作りやすい量
大根(300g)
人参(50g)
切り昆布(大さじ1)
水(100㎖)
酢(大さじ4)
蜂蜜(大さじ2)
塩(下ごしらえ用・小さじ½／漬け汁用・ひとつまみ)

◎作り方
❶なますを保存する容器に、切り昆布と水、酢、蜂蜜、塩を入れてよく混ぜる。
❷大根と人参は皮を剝き、せん切りにしてボウルに入れて塩をまぶし、しんなりするまで20分ほど置く。
❸①に②の大根と人参を水けをしっかり絞って入れ、全体をよく混ぜて、ひと晩置く。

→ 合わせたいお酒＿柔らかな味わいの日本酒を、ぬる燗で。

豆腐、ロースハム、チーズ、焼き海苔

（ Level. 2 ） ちょっとひと仕事 ― 水けを制するものがハルマキを制す

◎材料　3本分

木綿豆腐（1/2丁 ※150g～170g）

※しっかり水切りしておく（p.24参照）

ロースハム（3枚）

ピザ用チーズ（大さじ3。好みで増やしても）

焼き海苔（1枚）

春巻の皮（3枚）／サラダ油（大さじ4）／塩（少々）

◎作り方

❶木綿豆腐は水平方向に3等分する。

❷春巻の皮の上に、ロースハム、①の豆腐、ピザ用チーズ（写真下）、ちぎった海苔を順に置き、平らにきっちり巻く。

❸火加減は弱めの中火。ロースハムの面から揚げ焼きして、塩を添える。

➜ 合わせたいお酒＿純米吟醸を、軽く冷やして。

桃、豆腐、クリームチーズ

◎材料　3本分

桃（1個）※固めのもの
木綿豆腐（1/4丁 ※70g〜80g）※しっかり水切りしておく
クリームチーズ（大さじ山盛り1）
春巻の皮（3枚）／サラダ油（大さじ4）／塩（少々）

◎作り方

❶木綿豆腐はボウルに入れ、クリームチーズと塩ひとつまみを加えてスプーンの背でペースト状に練る。
❷桃は皮ごと6等分にくし形に切る。
❸春巻の皮の上に①を塗り、②の桃2個を並べてきっちり巻く。
❹火加減は弱めの中火。豆腐の面から揚げ焼きして、塩を添える。

※なるべく固めの桃を使いましょう。
※桃の水分が皮に滲みないうちに、巻いたらすぐに揚げ焼きしましょう。

→ 合わせたいお酒＿シャンパーニュなど、華やかにシュワシュワしたもの。

57/100

もずく、オレンジ

（ Level. 2 ） ちょっとひと仕事 ― 水けを制するものがハルマキを制す

◎材料　3本分

もずく（90g）

オレンジ（1個）

春巻の皮（3枚）／サラダ油（大さじ4）／塩（少々）

◎作り方

❶オレンジは横半分に切り分け外皮を剝き、薄皮ごとひと房ずつばらす。

❷もずくは水けをペーパータオルなどで丁寧に拭き取り、1cm長さにざく切りする。

❸春巻の皮の上に②のもずくをのせ、上に①のオレンジを一列に並べ、きっちり巻く。

❹弱めの中火で揚げ焼きして、塩を添える。

→ 合わせたいお酒＿焼酎をロックで。泡盛ならなお良し。

58/100

小結白滝、キムチ、桜海老

◎材料　3本分

小結白滝（6個）
キムチ（90g）
桜海老（大さじ3）
春巻の皮（3枚）／サラダ油（大さじ4）

◎作り方

❶小結白滝はフライパンに入れ中火にかけ、乾煎りして水けを飛ばして冷ます。
❷キムチはざく切りにして、汁けをギュッと絞る。
❸春巻の皮の上に①の小結白滝と②のキムチをのせ、桜海老を散らし、きっちり巻く。
❹弱めの中火で揚げ焼きして、半分に切り分ける。

※普通の白滝だと具がばらけるので、小結白滝を使います。
※全ての具材の水けを徹底的に取るのが最大のコツ。小結白滝は乾煎りしたら、完全に冷ましてから巻きましょう。

→ 合わせたいお酒＿ミントたっぷりのモヒート。ライム多めで。

59/100

ホタルイカ、ベビーコーン

（ Level. 2 ）

ちょっとひと仕事 ― 水けを制するものがハルマキを制す

◎材料　ミニハルマキ6本分

ホタルイカ（18杯）

ベビーコーン（6本）※水煮ではなく生がお勧め

春巻の皮（3枚）／サラダ油（大さじ4）／塩（少々）

◎作り方

❶春巻の皮は半分に切り分ける。

❷ホタルイカは目を取り、ペーパータオルなどで水けを丁寧に拭き取る。

❸春巻の皮の上に、ベビーコーン1本と②のホタルイカ3杯を並べ、きっちり巻く。

❹弱めの中火で揚げ焼きして、塩を添える。

→ 合わせたいお酒＿軽めの赤ワインを少し冷やして。

鰯、新生姜、ドライマンゴー、パクチー

60／100

◎材料　3本分

鰯（3尾）
※15㎝以内のあまり大きくないもの
新生姜（2かけ）※親指大サイズ
ドライマンゴー（3枚）
パクチー（9本）※パセリの葉でも
春巻の皮（3枚）
サラダ油（大さじ4）／塩（少々）

◎作り方

❶鰯は頭と尾を切り落とし、内臓を取り除き、ペーパータオルなどで水けを丁寧に拭き取る。
❷新生姜とドライマンゴーはせん切り、パクチーは1㎝長さのざく切りにする。
❸春巻の皮の上にパクチーを敷き、①の鰯のお腹に②の新生姜とドライマンゴーを詰めて（写真下）置いたら、きっちり巻く。

❹火加減は弱火。まず、鰯の背の面から、じっくり揚げ焼きする。骨に火が通り、全体がキツネ色になるまでの目安は20分ほど。塩を添えてどうぞ。
※鰯の骨が気になる方は3枚におろして、生姜とマンゴーをサンドウィッチして巻くのがお勧め。この場合は火の通りが早いので、弱めの中火で短時間に揚げ焼きしましょう。

→ 合わせたいお酒＿シラーやグルナッシュなどスパイシーな赤ワイン。

鯛、菜の花、金柑 61／100

（ Level. 2 ）ちょっとひと仕事 ― 水けを制するものがハルマキを制す

◎材料　3本分

鯛など白身魚の刺身用柵（90ｇ）
菜の花（6本）
とろろ昆布（魚を包めるくらいの量）
金柑（2個）※またはみかんの皮（¼個分）
春巻の皮（3枚）／サラダ油（大さじ4）／塩（少々）

◎下準備

とろろ昆布を鯛全体にまぶし、ラップでピッチリ包み、冷蔵庫に30分ほど置く。

◎作り方

❶菜の花はざく切り、金柑は輪切りにし、種を取ってからみじん切りにする。
❷鯛はとろろ昆布をつけたまま、9枚にそぎ切りする。
❸春巻の皮の上に、②の鯛（写真下）、①の菜の花、金柑の順に置いて、きっちり巻く。
❹中火で揚げ焼きして、塩を添える。

→ 合わせたいお酒＿酸味のきれいな白ワイン。甲州やリースリングなど。

食べやすさの秘密は〝つなぎ〟にあり

ハルマキNo.
62 〜 75 ／100

豆やとうもろこしなどのバラバラな具、または、数種の小さな具を組み合わせて巻く時に役立つのが〝つなぎ〟です。ここでは生の具にそのまま〝つなぎ〟となる素材を混ぜて巻き、熱の力で具同士を接着させます。例えば、片栗粉などのデンプン質、オクラや山芋といった素材自身のネバリ。いろいろな〝つなぎ〟で、「かじった時に具がバラける問題」も解決し、食べやすさもアップします。

62/100

グリーンピース、しらす

（ Level. 2 ） ちょっとひと仕事 ― 食べやすさの秘密は〝つなぎ〟にあり

◎材料　3本分

グリーンピース（90g）※さやから出した状態で
しらす（大さじ山盛り6）
片栗粉（大さじ2）
春巻の皮（3枚）／サラダ油（大さじ4）
好みでレモン（少々）

◎作り方

❶グリーンピースはボウルに入れ、しらすと片栗粉を加えて混ぜる（写真下）。
❷春巻の皮の上に①をのせ、きっちり巻く。
❸弱火で揚げ焼きして、好みでレモンを搾る。

→ 合わせたいお酒＿キレ味よい純米酒。または辛口の白ワイン。

63/100 デラウェア、しし唐辛子

◎材料　3本分
デラウェア（90g）※房からはずした状態で
しし唐辛子（15本）
片栗粉（大さじ1）
春巻の皮（3枚）／サラダ油（大さじ4）／塩（少々）

◎作り方
❶しし唐辛子はデラウェアの粒と同じくらいの大きさに切り、ボウルに入れる。
❷①にデラウェアと片栗粉を加えて混ぜる。
❸春巻の皮の上に②をのせて、きっちり巻く。
※デラウェアが転がるので、手で寄せ集めながら巻くと上手く巻けます。
❹弱めの中火で揚げ焼きして、塩を添える。

→ 合わせたいお酒＿カベルネ・フランやガメイなど、軽めの赤ワイン。

64/100

菊の花、えのきだけ

(Level. 2) ちょっとひと仕事 ― 食べやすさの秘密は〝つなぎ〟にあり

◎材料　3本分
菊の花(30g)
えのきだけ(70g)
片栗粉(大さじ1)
春巻の皮(3枚)／サラダ油(大さじ4)／塩(少々)
粉山椒(少々)

◎作り方
❶塩と粉山椒を混ぜておく。
❷菊の花はガクから花びらをはずす。えのきだけは根元を切り落とし、2㎝長さに切り分ける。全てをボウルに入れ、片栗粉を加えて混ぜる。
❸春巻の皮の上に②をのせ、きっちり巻く。
❹弱めの中火で揚げ焼きして、①の山椒塩を添える。

→ 合わせたいお酒＿純米酒をぬる燗で。香り高いジンのロックでも。

梅柿 65/100

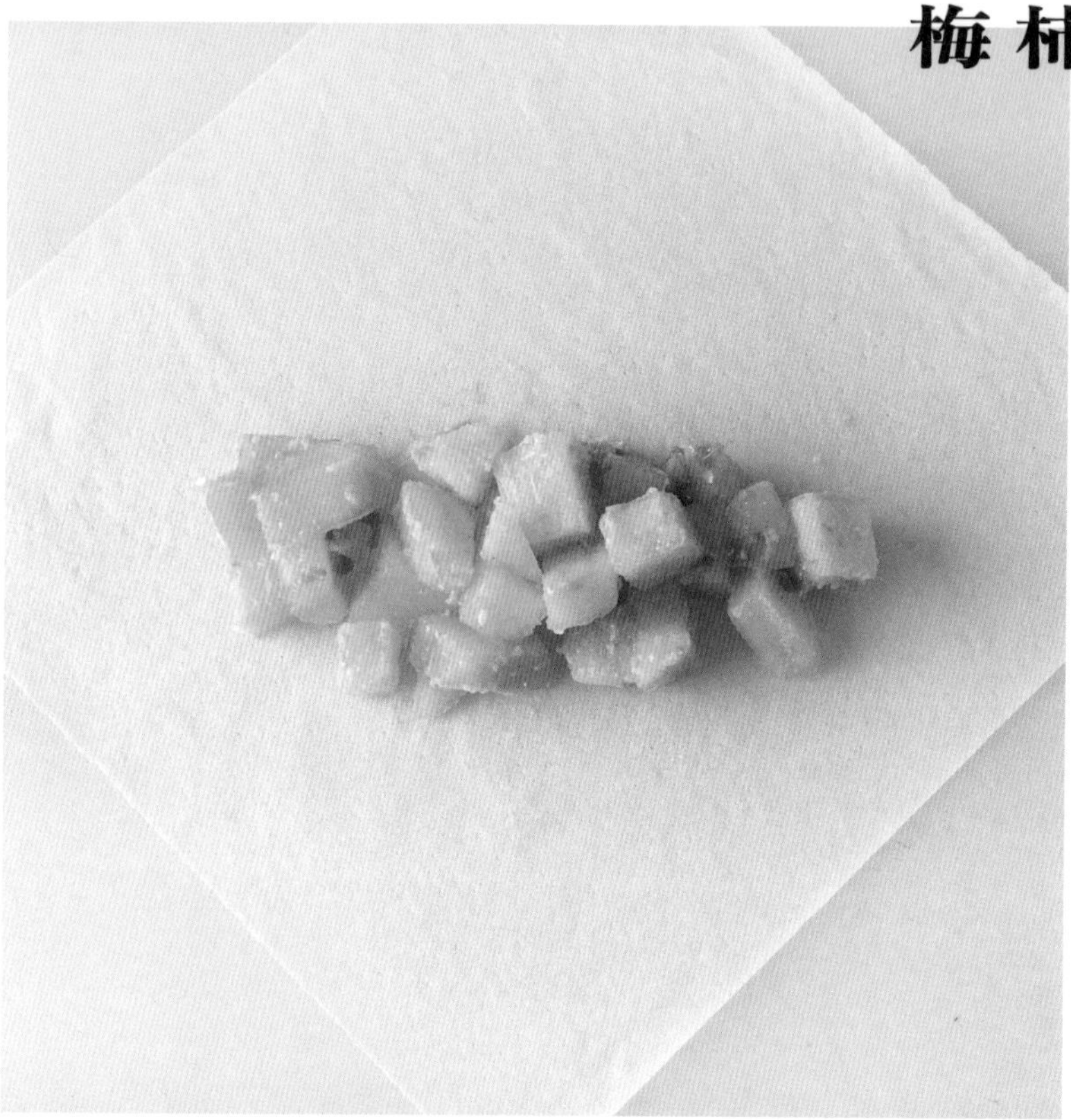

（ Level. 2 ） ちょっとひと仕事 ― 食べやすさの秘密は〝つなぎ〟にあり

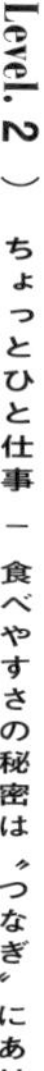

◎材料　3本分
柿（1個）※固めのもの
梅干し（1個）
片栗粉（大さじ1）
春巻の皮（3枚）／サラダ油（大さじ4）
好みで塩（少々）

◎作り方
❶柿は皮を剝き、1㎝角に切り分けボウルに入れる。
❷梅干しは種を取り除き、包丁で叩いてペースト状にしたら①に入れ、全体に絡めるように混ぜる。
❸②に片栗粉を加えて、全てが均一になるようにざっくり混ぜる。
❹春巻の皮の上に③をのせ、きっちり巻く。
❺弱めの中火で揚げ焼きして、好みで塩を添える。

➜ 合わせたいお酒＿辛口のスパークリングワイン。

66/100 りんご、蕪、柚子胡椒

(Level. 2) ちょっとひと仕事 ― 食べやすさの秘密は〝つなぎ〟にあり

◎材料　3本分
りんご(½個) ※紅玉など、酸味のある小振りなもの
蕪(1個) ※りんごと同量を目安に
柚子胡椒(小さじ½)
片栗粉(大さじ1)
春巻の皮(3枚)／サラダ油(大さじ4)

◎作り方
❶りんごと蕪は皮付きのまま1㎝角のサイコロ状に切り分けてボウルに入れる。
❷①に柚子胡椒を入れ、全体に馴染むように混ぜたら片栗粉を加え、さらによく混ぜる。
※まず柚子胡椒を全体に行き渡らせてから、片栗粉を入れましょう。味を均一にするうえで大事です。
❸春巻の皮の上に②を横長にのせ、きっちり巻く。
❹中火で揚げ焼きする。

→ 合わせたいお酒＿辛口のシードル、微発泡ワインなど優しい泡と。

みょうが、枝豆、ちりめんじゃこ

◎材料　3本分
みょうが(6個)
枝豆(30さや)
ちりめんじゃこ(大さじ3)
片栗粉(大さじ1)
春巻の皮(3枚)／サラダ油(大さじ5)
好みで塩(少々)

◎作り方
❶枝豆は生のままさやから取り出し、ボウルに入れる。
❷みょうがは1㎝大くらいの乱切りにし、①に加える。
❸②にちりめんじゃこと片栗粉を加えて混ぜる。
❹春巻の皮の上に③を横一文字に置き、きっちり巻く。
❺弱火で揚げ焼きして、好みで塩を添える。

→ 合わせたいお酒＿ジンやウォッカを炭酸で割って。レモンを浮かべても。

68/100

いちご、大根、生ハムの春巻き

（ Level. 2 ） ちょっとひと仕事 ― 食べやすさの秘密は"つなぎ"にあり

◎材料　3本分
いちご（12粒）※小粒のもの。120g程度
大根（80g）
生ハム（1枚）
片栗粉（大さじ1）
春巻の皮（3枚）／サラダ油（大さじ4）
塩（少々）

◎作り方
❶いちごは1cm大、大根はいちごよりも少し小さめ8mm大程度のサイコロ状に切り分け、ボウルに入れる。
❷①に片栗粉をまぶして、ざっくり混ぜたら生ハムを細かくちぎって加え、さらに混ぜる。
❸春巻の皮の上に②を横一文字に置き、きっちり巻く。
❹弱火で揚げ焼きして、好みで塩を添える。

→ 合わせたいお酒＿辛口のロゼワインをキリリと冷やして。

69/100

空豆、新玉ねぎ、桜海老

◎材料　3本分
空豆（24粒程度）
新玉ねぎ（小1個）
桜海老（大さじ1）
片栗粉（大さじ1）
春巻の皮（3枚）／サラダ油（大さじ4）／塩（少々）

◎作り方
❶空豆は薄皮を剝き、新玉ねぎは2㎝大に乱切りにしてボウルに入れる。
❷①に桜海老と片栗粉を加えて混ぜる。
❸春巻の皮の上に②をのせて巻く。
※ゴツゴツしますが、できるだけ空気を入れないように、ギュッと巻きましょう。
❹弱めの中火で揚げ焼きして、塩を添える。

空豆のオーブン焼き

オーブンは200℃に予熱しておく。トレイにアルミホイルを敷き、空豆をさやごとゴロンと並べ12分焼いたら、クミンシードを混ぜた塩を添える。さらにパルミジャーノやミモレットなどのハード系チーズがあれば最高です。空豆＆クミン塩⇩チーズと交互にかじりながら口中で合わせると、止められなくなりますよ。

➜ 合わせたいお酒＿モヒート。ミントは多めが美味しいです。

70/100

なめこ、モロヘイヤ

（ Level. 2 ） ちょっとひと仕事 ― 食べやすさの秘密は〝つなぎ〟にあり

◎材料　3本分
なめこ（90g）
モロヘイヤ（60g）
ニンニク（1かけ）※みじん切りにしておく
豆板醬（小さじ1と½）
春巻の皮（3枚）／サラダ油（大さじ4）

◎作り方
❶なめこはさっと湯通しする。冷めたらペーパータオルなどで水けを丁寧に拭き取りボウルに入れ、豆板醬、ニンニクを加えて和える。
❷モロヘイヤは粘りけが出るまで包丁で叩く。
❸春巻の皮の上に②のモロヘイヤをのせたら①を置き、きっちり巻く。
❹弱めの中火で揚げ焼きする。

※なめこの湯通しは面倒かもしれませんが、臭みが取れてきれいな味に仕上がります。完全に冷まして水けを丁寧に拭き取ることが最大のコツです。
※豆板醬が皮に滲みるので、巻いたらすぐに揚げ焼きしましょう。

→ 合わせたいお酒＿軽めの赤ワインを炭酸水で割って。

71/100

オクラ、ミニトマト、とろろ昆布

(Level. 2) ちょっとひと仕事 ― 食べやすさの秘密は〝つなぎ〟にあり

◎材料　ミニハルマキ6本分

オクラ(12本)
ミニトマト(6個)
とろろ昆布(5g)
春巻の皮(3枚)/サラダ油(大さじ4)/塩(少々)

◎作り方

❶オクラはヘタを取ってガクを剝く。6本はみじん切りにして、粘りけが出るまで包丁でよく叩いてボウルに入れる。
❷①に粗く刻んだミニトマト、とろろ昆布を加え、よく混ぜる。
❸春巻の皮は半分に切り分ける。
❹春巻の皮の上にオクラ1本と②をのせ、きっちり巻く。
❺中火で揚げ焼きして、塩を添える。半分に切り分けると断面からオクラの星形が見えて可愛らしいです。

➜ 合わせたいお酒 _ 純米酒を軽く冷やして。

72/100

とうもろこし、オクラ

(Level. 2) ちょっとひと仕事 ― 食べやすさの秘密は〝つなぎ〟にあり

◎材料　4本分
とうもろこし(1本)
オクラ(6本)
クミンシード(大さじ1)
春巻の皮(4枚)／サラダ油(大さじ4)／塩(少々)

◎作り方
❶とうもろこしは皮を剝いて包丁で実を削ぎ、ボウルに入れる。
❷オクラはヘタを取ってガクを剝いたら、みじん切りにして、粘りけが出るまで包丁でよく叩き、①に加える。
❸②にクミンシードを加え、よく混ぜる。
❹春巻の皮の上に③をのせ、きっちり巻く。
❺弱めの中火で揚げ焼きして、塩を添える。

→ 合わせたいお酒＿酸味がきれいな辛口の白ワイン。

73/100

とうもろこし、ザーサイ、じゃがいも

◎材料　3本分
とうもろこし(1本)
ザーサイ(15枚) ※スライスした状態で
じゃがいも(中1個)
春巻の皮(3枚)／サラダ油(大さじ4)

◎作り方
❶ザーサイは薄くスライスし、水（分量外）を張ったボウルに入れて好みの味になるまで塩抜きし、水けをギュッと絞ってみじん切りにする。
❷とうもろこしは皮を剝き包丁で実を削ぎボウルに入れる。
❸②に皮を剝いてすりおろしたじゃがいも（写真下）、①のザーサイを加え、よく混ぜる。
❹春巻の皮の上に③をのせ、きっちり巻く。
❺弱火で揚げ焼きする。
※じゃがいもの水分が皮に滲みるので、巻いたらすぐに揚げ焼きしましょう。

➜ 合わせたいお酒＿ビール。または軽い赤ワインを少し冷やして。

74/100

ゴーヤー、むき海老、山芋

（ Level. 2 ） ちょっとひと仕事 ― 食べやすさの秘密は〝つなぎ〟にあり

◎材料　3本分
ゴーヤー（12㎝）
むき海老（6尾）※小さめなら8尾
山芋（大さじ4）※すりおろした状態で
クミンシード（小さじ2）
春巻の皮（3枚）／サラダ油（大さじ4）／塩（少々）

◎作り方
❶むき海老は背ワタや汚れなどがあれば下処理し、ざく切りにしてボウルに入れる。
❷①に皮を剝いてすりおろした山芋とクミンシードを加え混ぜる。
❸ゴーヤーは縦半分に切って種とワタを取り、1㎜厚さくらいにスライスし、塩ひとつまみをまぶす。しんなりするまで15分ほど置き、水けをギュッと絞る。
❹春巻の皮の上に③のゴーヤーを置き（写真下）、その上に②をのせて巻く。
❺火加減は弱めの中火。ゴーヤーの面から揚げ焼きして、塩を添える。

→ 合わせたいお酒＿泡盛をロックで。焼酎でも美味しいです。

ホタルイカ、春キャベツ、山芋

(Level. 2) ちょっとひと仕事 ─ 食べやすさの秘密は〝つなぎ〟にあり

◎材料　3本分
春キャベツ(2枚)
※なるべく柔らかい部分
ホタルイカ(24杯)
山芋(大さじ3)　※すりおろした状態で
春巻の皮(3枚)
サラダ油(大さじ4)
粉山椒(少々)／塩(少々)

◎作り方
❶塩と粉山椒を混ぜておく。
❷春キャベツは芯の硬い部分を取り、親指大くらいにちぎる。ホタルイカは目を取り、ペーパータオルなどで水けを丁寧に拭き取る。山芋は皮を剝き、すりおろす。
❸春巻の皮の上にキャベツを置き、ホタルイカを頭の向きを互い違いに並べ（写真下）、上から山芋をかけ、なるべく平らに巻く。
❹火加減は弱めの中火。山芋の面から揚げ焼きし、お好み焼き（イカ焼き）のような香りがしてきたら、裏返す。
❺全ての面がキツネ色になったら油を切り、①の山椒塩を添える。

→ 合わせたいお酒＿お祭りの屋台気分でビール！

(Level. 2) ちょっとひと仕事

詰め物で光る断面

ハルマキNo.

76 ～ 80 ／100

ハルマキの断面を覗いて「ワーッ」と歓声が上がると、作っている本人まで嬉しくなります。そんな場面を実現させてしまうのが詰め物シリーズ。穴や窪みのある具に何かを詰めて、断面で盛り上がりましょう。大事なポイントは、みっちり詰め物をすること。はみ出るくらいに詰めて、しっかり巻くと、目にも楽しく美しい断面が生まれます。

ビワ、緑茶葉、クリームチーズ

◎材料　2本分
ビワ(3個)
緑茶葉(小さじ1)
クリームチーズ(大さじ2)
春巻の皮(2枚)／サラダ油(大さじ4)
好みで塩(少々)

◎作り方
❶ビワは皮を剝かずに半分に切り、種を取る。
❷春巻の皮の上に①のビワを横一列に並べ、凹みにクリームチーズを詰め（写真下）、緑茶葉を散らして、きっちり巻く。
❸火加減は中火。ビワの皮の面から揚げ焼きする。
❹裏返したら弱火にし、全体がキツネ色になったら油を切り3～4等分に切り分ける。好みで塩を添えて。
※とろけたクリームチーズと油を吸ったビワは、アツアツです。くれぐれも気をつけてお召し上がりください。

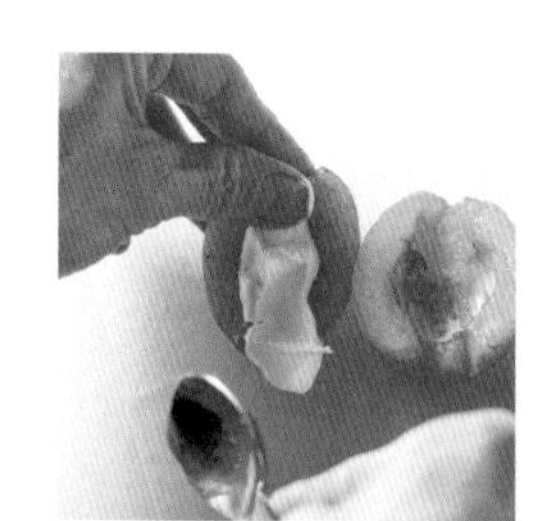

→ 合わせたいお酒＿辛口のスパークリングワイン。濃い目に淹れた煎茶でも。

ズッキーニ、アンチョビ、パン粉

◎材料　2本分
ズッキーニ（1本）
アンチョビ ※フィレ（2枚）
パン粉（大さじ2）
ニンニク（1片）
春巻の皮（2枚）／サラダ油（大さじ4）

◎作り方
❶ズッキーニはヘタを切り落とし、縦半分に切り分ける。種とワタのやわらかい部分をボート状にスプーンでくり抜く（写真下）。
❷くり抜いた種とワタはざく切り、ニンニクとアンチョビはみじん切りにしてボウルに入れ、パン粉を加えてよく混ぜる。
❸①のズッキーニのボートに②を詰めたら、春巻の皮の上に置き、きっちり巻く。
❹火加減は弱めの中火。詰め物をした面から揚げ焼きする。4等分に切り分けるのが食べやすく、おすすめです。

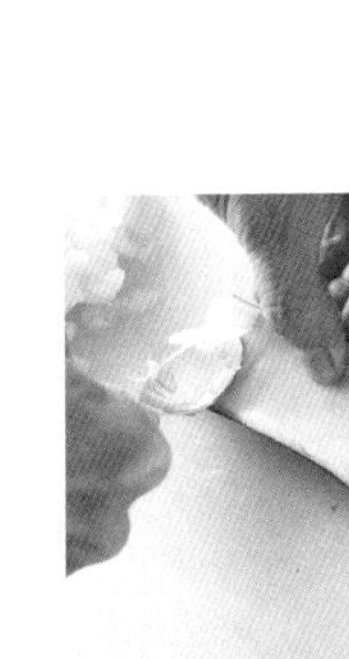

→ 合わせたいお酒＿辛口のロゼワインをキリリと冷やして。

万願寺唐辛子、はんぺん、ミニトマト

◎材料　3本分
万願寺唐辛子(3本)
はんぺん(60g)
ミニトマト(5個)
春巻の皮(3枚)／サラダ油(大さじ4)
好みで塩(少々)

◎作り方
❶万願寺唐辛子は縦半分に切り分け、種を取る（使うので捨てないでおく)。ミニトマトは1㎝角に切り分ける。
❷ボウルにはんぺんを入れ手でつぶしたら、①のミニトマトと万願寺唐辛子の種を加え、よく練る。
❸万願寺唐辛子の凹みに②をこんもりと詰め、もう半分の万願寺唐辛子で蓋をしたら（写真下）春巻の皮の上に置き、きっちり巻く。
❹弱めの中火で揚げ焼きし、半分に切り分けて塩を添える。

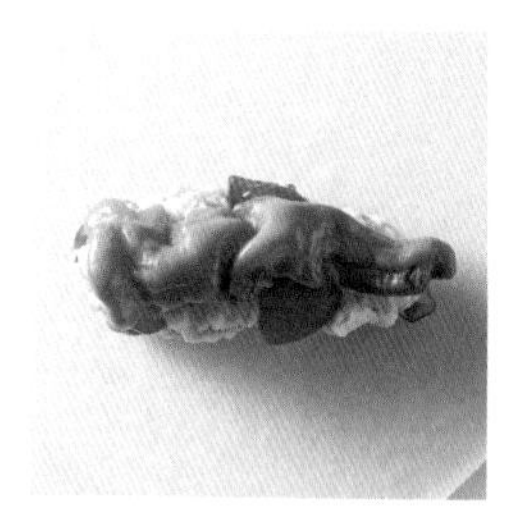

➜ 合わせたいお酒＿辛口のシードル、または純米酒を軽く冷やして。

79/100 竹輪、豆苗

◎材料　4本分

竹輪(2本)
豆苗(1パック)
かんずり(小さじ2/3)
ごま(小さじ1)
ピザ用チーズ(15g)
春巻の皮(4枚)／サラダ油(大さじ4)

◎作り方

❶豆苗は根元を切り落とし、沸騰した湯で5秒ほど茹でたらざるにあげ、うちわなどで扇いで冷ます。
❷①の水けをしっかり絞ったら1㎝長さに切ってボウルに入れ、かんずりとごまを加え、全体に馴染むように混ぜる。
❸竹輪は縦半分に切る。
❹春巻の皮の上に③の竹輪を置き、凹みにピザ用チーズを詰めたら（写真下）上に②をのせ、きっちり巻く。
❺中火で揚げ焼きする。ひと口大に切り分けると断面がきれいで、楽しいです。

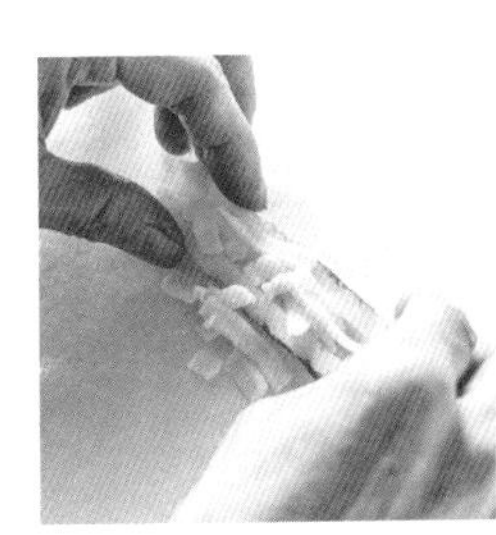

→ 合わせたいお酒＿とにかくビール！

干し柿、くるみ、ゴルゴンゾーラ

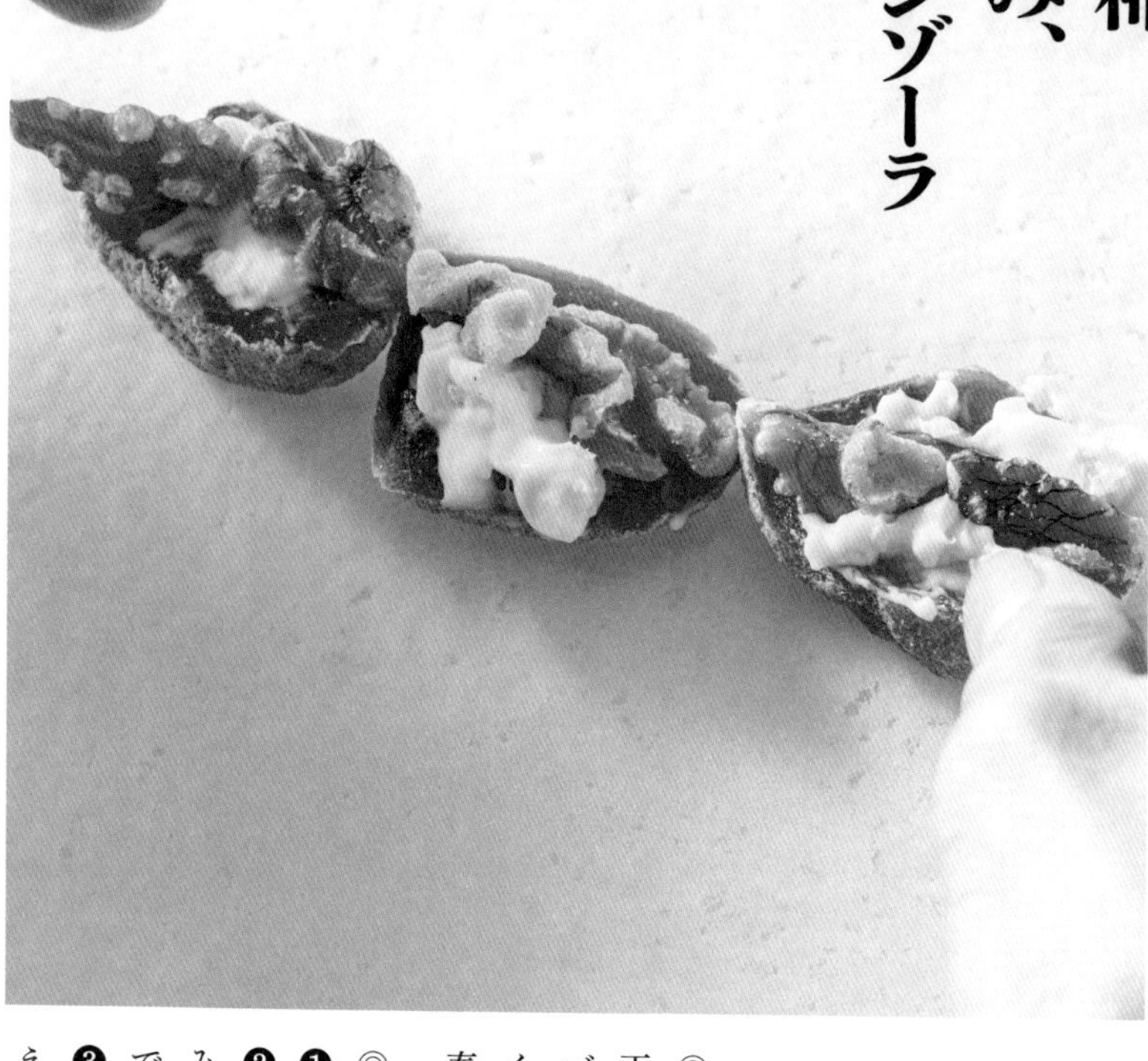

◎材料　2本分
干し柿（6個）
ゴルゴンゾーラ・ドルチェ（30ｇ）
くるみ（12粒）
春巻の皮（2枚）／サラダ油（大さじ4）／塩（少々）

◎作り方
❶干し柿は縦半分に切り分け、ヘタと種を取る。
❷春巻の皮の上に、①の干し柿3個を横一文字に並べ、凹みにゴルゴンゾーラ、くるみを置いて、残り3個の干し柿で蓋をして（写真下）、きっちり巻く。
❸弱めの中火で揚げ焼きし、2〜4等分に切り分け塩を添える。

→ 合わせたいお酒＿濃いめの赤ワイン、またはシングルモルト。

加工食品をご馳走に

（ Level. 2 ） ちょっとひと仕事

ハルマキNo.

81〜90 ／100

缶詰などの加工食品は今ひとつ華がない、と思っていませんか？　そんなことはありません。ハルマキにしてあげれば、ちょっとした集まりでも喜ばれる一品に格上げできます。しかも、既に食べられる状態になっているので、揚げ焼き時間も短く済むのが嬉しい。いつでも、どこでも入手しやすい加工食品は頼もしい存在。忙しい方にもお勧めです。

はんぺん、ゴボウ、紅生姜

◎材料　3本分
はんぺん（1枚）
ゴボウ（15cm）
紅生姜（10g）※汁けをギュッと絞った状態で
青海苔（大さじ1）
春巻の皮（3枚）／サラダ油（大さじ4）

◎作り方
❶はんぺんをボウルに入れ、手で握り潰して（写真下）ペースト状にする。
❷ゴボウと紅生姜を粗くみじん切りにして①に加え、さらに青海苔を加えてよく混ぜる。
❸春巻の皮の上に②をのせ、スプーンの背でペタペタと叩いて整え、平らにきっちり巻く。
❹弱火で揚げ焼きして、半分に切り分ける。

→ 合わせたいお酒＿何といってもビール！　生ならなお良し。

82/100

こんにゃく、イタリアンパセリ、チーズ

◎材料　3本分
こんにゃく（150g）
イタリアンパセリ（6本）
※パセリやパクチーでも
ピザ用チーズ（30g）
赤味噌（小さじ1）
蜂蜜（小さじ1）
春巻の皮（3枚）／サラダ油（大さじ4）

◎作り方
❶こんにゃくは水洗いして麺棒などで叩いたら、ペーパータオルなどで水けを丁寧に拭き取り、縦3等分に切る。（叩くことで、弾力と歯切れ感が増すので大事です）。イタリアンパセリは1cm長さにざく切りする。
❷赤味噌と蜂蜜をよく混ぜる。
❸春巻の皮の上に①のこんにゃくを置き、②を薄く塗ったら脇にピザ用チーズを添え（写真下）、上にイタリアンパセリをのせ、きっちり巻く。
❹火加減は弱火。こんにゃくの面から揚げ焼きして、半分に切り分ける。

→ 合わせたいお酒＿自然な甘味が広がる純米酒をぬる燗で。

83/100

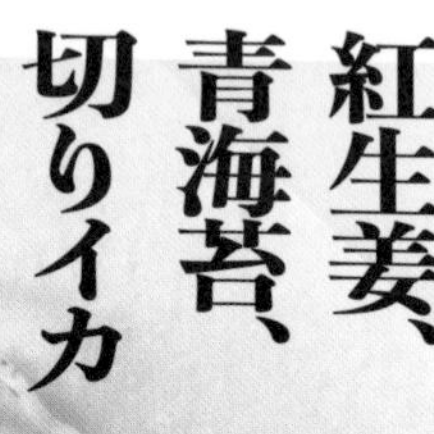

焼きそば、紅生姜、青海苔、切りイカ

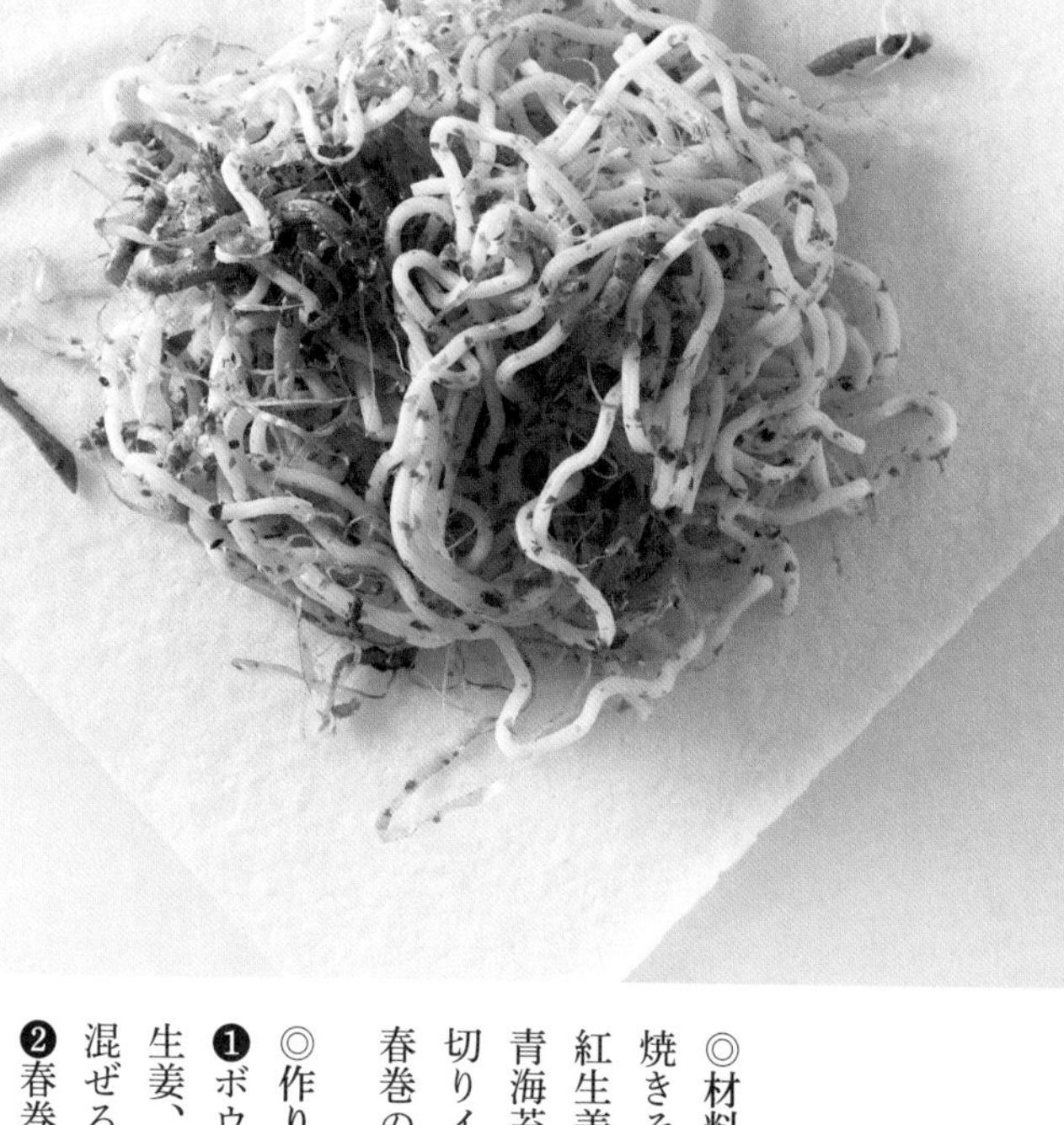

◎材料　3本分

焼きそば用蒸し麺(1袋)
紅生姜(20g)　※汁けを固く絞った状態で
青海苔(大さじ1)
切りイカ(10g)
春巻の皮(3枚)／サラダ油(大さじ4)

◎作り方

❶ボウルに焼きそば用蒸し麺を入れて手でほぐしたら、紅生姜、青海苔、切りイカを入れ、全てが均一になるように混ぜる。

❷春巻の皮の上に①をのせ、なるべく平たく封筒のように包む（写真下）。

❸火加減は弱めの中火。フライ返しなどで時々押さえながら揚げ焼きして、半分に切り分ける。

→ 合わせたいお酒＿お祭りの屋台気分でビール！

84/100

秋刀魚の蒲焼、きゅうり、焼き海苔

◎材料　3本分
秋刀魚の蒲焼(1缶)
きゅうり(2本)
焼き海苔(1枚)
春巻の皮(3枚)／サラダ油(大さじ4)
好みで粉山椒(少々)

◎作り方
❶きゅうりは2㎜厚さにスライスしてボウルに入れ、塩ひとつまみ（分量外）をまぶし、しんなりするまで15分ほど置く。
❷秋刀魚の蒲焼は、缶から出したらペーパータオルなどで丁寧に汁けを拭き取る。
❸春巻の皮の上に焼き海苔をひと口大にちぎって敷き、①のきゅうりの水けをギュッと絞ってのせる。その上に②の秋刀魚の蒲焼を3～4切れに分けて置き、きっちり巻く。
❹火加減は弱めの中火。秋刀魚の蒲焼の面から揚げ焼きし、好みで粉山椒を添える。

→ 合わせたいお酒＿スパイシーな赤ワイン。

85/100

なまり節、茄子、コチュジャン、白ごま

◎材料　3本分
なまり節（120g）
茄子（1本）
コチュジャン（小さじ1と1/2）
白ごま（小さじ2）
春巻の皮（3枚）／サラダ油（大さじ4）

◎作り方
❶茄子はヘタを取り縦半分に切り分け、半月形に薄くスライスしてボウルに入れる。塩ひとつまみ（分量外）をまぶして軽く混ぜたら、しんなりするまで15分ほど置く。
❷なまり節は手で粗くほぐして別のボウルに入れる。
❸①の茄子の水けをギュッと絞って②に入れ、コチュジャンと白ごまを加え、よく混ぜる。
❹春巻の皮の上に③を置き、きっちり巻く。
❺弱めの中火で揚げ焼きする。

→ 合わせたいお酒＿焼酎をロックで。芋焼酎ならなお良し。

86/100 鯖のリエット、ゴボウ

◎材料　3本分

鯖のリエット（大さじ3）

ゴボウ（20㎝）

春巻の皮（3枚）

サラダ油（大さじ4）／塩（少々）

◎作り方

❶ゴボウは5㎝長さくらいに太めのせん切りにする。

❷ハルマキの皮の上に鯖のリエットを塗り（写真下）、上に①のゴボウを置き、なるべく平らに巻く。

❸弱火で揚げ焼きし、半分に切り分けて塩を添える。

鯖の水煮缶で作るリエット

◎作りやすい分量

鯖の水煮缶（1缶）／クリームチーズ（大さじ2）／粒マスタード（小さじ1）／コリアンダーシード（小さじ1）好みでみじん切りにしたさらし玉ねぎ

◎作り方

鯖缶は汁けをペーパータオルなどで丁寧に拭き取り、皮を取り除きボウルに入れる。クリームチーズと粒マスタードを加えスプーンの背で練ったら、コリアンダーシードを加えてざっくり混ぜる。

※さらし玉ねぎを加えると、より美味しくなります。

→ 合わせたいお酒 _ スパイシーな赤ワイン、もしくはギネスなどの黒ビール。

87/100

鯖の水煮、アボカド、香味野菜

◎材料　3本分

鯖の水煮缶(1缶)

アボカド(1個)／柚子胡椒(小さじ1/2)

人参(1/2本)／セロリ(1/2本)

バジルの葉(6枚) ※パセリやパクチーなど好みのもので

酢(小さじ1)／醤油(5〜6滴)

春巻の皮(3枚) ※そのまま食べられるタイプのもの(P.18参照)

◎作り方

❶鯖缶は汁けをペーパータオルなどで丁寧に拭き取り、皮を取り除きボウルに入れ、酢と醤油を加えてざっくり混ぜる。

❷アボカドは半分に切り分け種を取ったら、スプーンですくって別のボウルに入れ、柚子胡椒を加えて粗めのペースト状にする。

❸人参とセロリは、それぞれせん切りにして別のボウルに入れ、塩ひとつまみ（分量外）をまぶし、しんなりするまで20分ほど置く。

❹春巻の皮の上に②のアボカドペーストを塗る。③の人参とセロリの水けをギュッと絞って上に置いたら①の鯖をのせ、バジルをちぎって散らし、巻く。5分ほど置いて馴染ませたら半分に切り分ける。

→ 合わせたいお酒＿テキーラにライムを添えて、メキシカンな感じで。

88/100

鯖の味噌煮、たっぷり薬味でコロッケ風

(Level. 2) ちょっとひと仕事 ― 加工食品をご馳走に

◎材料　3本分

鯖の味噌煮缶(1缶)
長ねぎ(15cm)
生姜(20g)
じゃがいも(中1個)
春巻の皮(3枚)／サラダ油(大さじ3)

◎作り方

❶鯖缶は汁けをペーパータオルなどで丁寧に拭き取り、皮を取り除きボウルに入れる。
❷生姜と長ねぎはみじん切りにして①に加える。
❸じゃがいもは皮を剥き、粗くすりおろして②に入れたら全体をよく混ぜる。
❹春巻の皮の上に③をのせ、きっちり巻く。
❺中火で揚げ焼きする。

※鯖缶をハルマキにする時は、汁けをしっかり拭き取り、皮を丁寧に取り除きましょう。このひと手間がきれいな味を作ります。必ずお忘れなく。
※じゃがいもから水分が出るので、巻いたらすぐに揚げ焼きしましょう。

➡ 合わせたいお酒＿香り良い焼酎。ロックでもお湯割りでも。

89/100

納豆、ちりめんじゃこ、長ねぎ、豆板醤

◎材料　3本分
納豆（1パック）
長ねぎ（20㎝）※太めなら15㎝
ちりめんじゃこ（大さじ山盛り1）
豆板醤（小さじ1）
春巻の皮（3枚）／サラダ油（大さじ4）

◎作り方
❶長ねぎは1㎝長さにぶつ切りにする（太い場合は縦半分に切り分けてから、ぶつ切りに）。
❷ボウルに納豆と豆板醤を入れ、粘りけが出るまでよく混ぜたら、①の長ねぎとちりめんじゃこを加えてさらに混ぜる。
❸春巻の皮の上に②を置き、きっちり巻く。
❹弱火で揚げ焼きする。

→ 合わせたいお酒＿ハイボールにレモンを搾って。

90/100
カニカマ、甘夏、パクチー

(Level. 2) ちょっとひと仕事 ー 加工食品をご馳走に

◎材料　3本分
カニカマ(120g)※なるべくカニ感が強いもの
甘夏(9房)
パクチー(6本)※イタリアンパセリやパセリでも
春巻の皮(3枚)／サラダ油(大さじ4)
好みで塩(少々)

◎作り方
❶甘夏は皮と薄皮を剝く。パクチーは1㎝長さにざく切りにする。
❷春巻の皮の上に①のパクチーをのせ、上にカニカマと①の甘夏を置いて、きっちり巻く。
❸弱めの中火で揚げ焼きし、半分に切り分けて塩を添える。

→ 合わせたいお酒＿お好きな果実酒を炭酸で割って。

[番外編]

ハルマキ パリサクスナック

◎材料 8個分
ツナ缶(1缶)
クリームチーズ(大さじ山盛り1)
赤味噌(小さじ½)
白ごま(小さじ1)
春巻の皮(2枚)

◎作り方

❶ツナ缶は油をしっかり切ってボウルに入れ、クリームチーズと赤味噌を加え、スプーンの背でペースト状になるまで練る。

❷春巻の皮は4等分に切り分け、①を中央に薄く塗りつけ白ごまを振り、三角形に折る。

❸210℃に予熱したオーブンで4〜5分ほど、キツネ色になるまで焼く。

オーブントースターでも作れます。美味しそうな色に焼けたらOK。ツナ缶でなくても、鯖缶、鮭缶などあるもので作ってみましょう。味噌の代わりに、柚子胡椒や粒マスタードなどの辛みをほんの少し入れると大人のおつまみに。好みのハーブを加えても美味しいですよ。

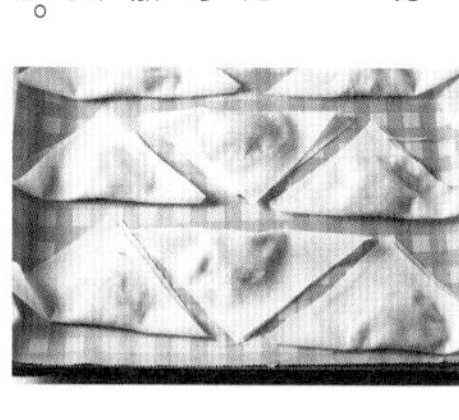

Level. 3

もうちょっとひと仕事

余裕のある時のご馳走ハルマキ

ここでは、さらにもうちょっとひと仕事して、メインディッシュにもなるハルマキを作ります。火を入れて一度冷ましたりと、少し時間がかかるので、お休みの日など余裕がある時にお勧め。一杯やりつつ、なんて感じで楽しみながら作ってみてください。

ハルマキNo.
91〜100 ／100

91/100

マッシュルーム、じゃがいも、くるみ

◎材料　2本分

ブラウンマッシュルーム（4個）

※普通のマッシュルームでも

じゃがいも（中1個）

※でんぷん質の強い男爵などがお勧め

片栗粉（大さじ2）／くるみ（10粒）

春巻の皮（2枚）

サラダ油（大さじ2）／塩（少々）

◎作り方

❶マッシュルームは2㎜厚さに薄切り、くるみは粗く砕く。

❷じゃがいもは皮を剝き、粗くすりおろしてボウルに入れ、片栗粉を加えて混ぜる。

❸春巻の皮の上に②をのせ、①のマッシュルームを並べたらくるみを散らし、封筒のように平たく包む。

❹火加減は弱めの中火。じゃがいもの面から、フライ返しなどで時々ペタペタと押さえながら揚げ焼きする（写真下）。両面がカリッと焼けたら、半分に切り分けて塩を添える。

※包んだらすぐに揚げ焼きしてください。じゃがいもの水分が皮に滲みるので、フライパンに入れるのが難しい場合は、フライ返しなどですくって、すべり入れましょう。焼くとでんぷん質が固まり、中はモッチリ、皮はパリッと美味しくなります。

→ 合わせたいお酒＿ガメイなど軽めの赤ワイン。

92/100

タコ、じゃがいも、パクチー、長ねぎ

（ Level. 3 ）もうちょっとひと仕事

◎材料　3本分

茹でダコの足（8cm）
じゃがいも（中1個）
長ねぎ（6cm）
パクチー（6本）※イタリアンパセリでも
春巻の皮（3枚）／サラダ油（大さじ4）

◎作り方

❶じゃがいもは茹でて潰し、冷ましておく。
❷タコは3㎜厚さくらいにスライス、長ねぎとパクチーはみじん切りにする。
❸①のじゃがいもが冷めたら、②の長ねぎとパクチーを加えて混ぜる。
❹春巻の皮の上に③をのせ、上に②のタコを並べて巻く。
❺火加減は弱めの中火。じゃがいもの面から揚げ焼きする。

じゃがいもの美味しい茹で方

よく洗ったじゃがいもを（皮付きのまま）小鍋に入れ、かぶるくらいの水を入れて強火にかけ、沸騰したら弱火で1時間ほど、芯に火が通るまで茹でます。ゆっくりと茹でたじゃがいもは、素材本来の甘味が出て美味しいですよ。

→ 合わせたいお酒＿さっぱりとした辛口の白ワイン。

93/100

もやし、ニラ、ニンニク

（ Level. 3 ）もうちょっとひと仕事

◎材料　3本分
もやし（100g）
ニラ（9本）
ニンニク（2かけ）
春巻の皮（3枚）／サラダ油（大さじ3）／塩（少々）
好みでラー油（少々）

◎作り方
❶もやしはひげ根を取る。ニラは1㎝長さにざく切り、ニンニクはみじん切りにする。
❷フライパンにサラダ油（大さじ1）とニンニクを弱火で熱し、香りがたってきたら①のもやしとニラを入れ、強火でさっと炒め、皿に移し冷ます。巻く前に必ず冷ましましょう。
❸春巻の皮の上に、②を置いてきっちり巻く。
❹フライパンにサラダ油（大さじ2）を入れ、中火で揚げ焼きしたら半分に切り分け、好みで塩とラー油を添える。
※通常よりも使う油が少ないので、「焼く」というイメージで。焦げないように気をつけましょう。

→ 合わせたいお酒＿もちろんビール！　餃子感覚のハルマキです。

94/100 舞茸、ゴボウ、くるみ

（Level. 3） もうちょっとひと仕事

◎材料　3本分
舞茸（100g）
ゴボウ（15cm）
くるみ（15粒）
春巻の皮（3枚）／サラダ油（大さじ4）／塩（少々）

◎作り方
❶舞茸は手でほぐす。ゴボウはピーラーでリボン状にスライスして1cm長さに切る。
❷①をフライパンに入れ、中火でところどころ美味しそうな焼き色がつくまで乾煎りしたら、うちわなどで扇いで冷ます。
※乾煎りして水けを飛ばし、素材の旨みを凝縮させます。乾煎りした後は皿などに移して、すぐに冷ましましょう。時間を置くと熱が回って、水っぽくなります。
❸春巻の皮の上に②とくるみを粗く砕いてのせ、あまりキツくなり過ぎないように巻く。
※きっちり巻くと揚げ焼きの際に舞茸が広がり、皮が破れやすくなります。
❹中火で揚げ焼きし、半分に切り分けて塩を添える。

→ 合わせたいお酒＿赤ワイン。どんなタイプでも合います。

95/100 鶏ひき肉、長ねぎ、生姜、新じゃがいも

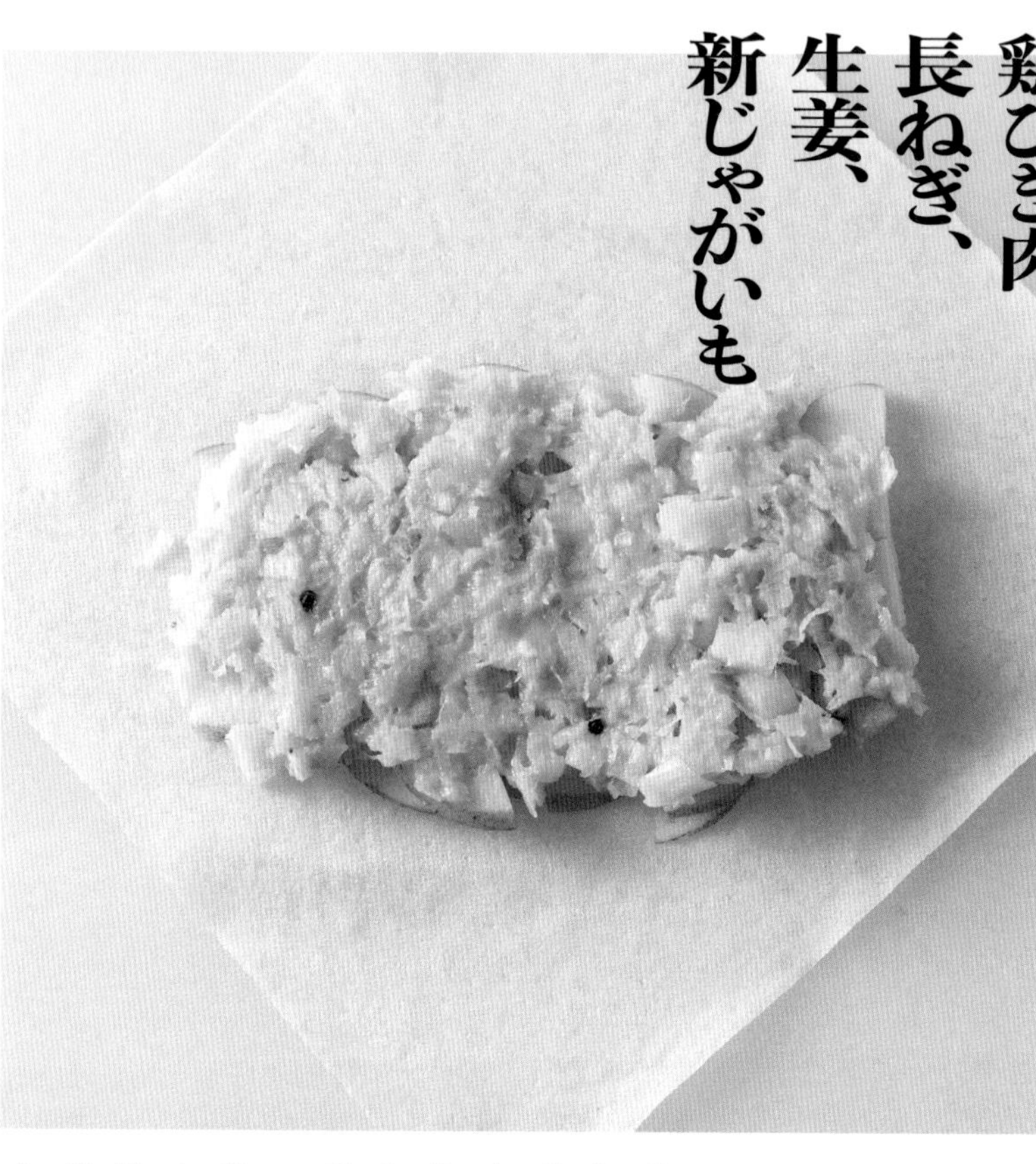

◎材料　2本分

鶏ひき肉（60g）／長ねぎ（10cm）
生姜（15g）／黒粒胡椒（15粒）
新じゃがいも（中1個）
塩（少々）／春巻の皮（2枚）
サラダ油（大さじ2）

◎作り方

❶長ねぎはみじん切りに、生姜はすりおろす。黒粒胡椒は包丁の腹で粗く潰す。

❷ボウルに鶏ひき肉と①、塩ひとつまみを入れ、粘りけが出るまでよくこねる。

❸新じゃがいもは皮つきのまま縦に三等分に輪切りにし、なるべく薄くスライスする。

❹春巻の皮の上に③を長方形に平らに並べ（写真下）、上に②を塗り、なるべく平らに封筒形に包む。

❺火加減は弱めの中火。新じゃがいもの面から揚げ焼きする。最初はフライ返しでペタペタと押さえながらじっくり焼き、カリカリに焼けたら裏返す。

❻両面が焼けたら食べやすい大きさに切り分け、好みで塩を添える。

→ 合わせたいお酒＿ビールなら何でも。お好みのタイプで。

96/100 穴子の蒲焼、新生姜の酢漬け、きゅうり

（ Level. 3 ）もうちょっとひと仕事

◎材料　3本分
穴子の蒲焼（90ｇ）※市販のものを使用。刻み穴子でも
新生姜の酢漬け（60ｇ）※汁けを絞った状態で
きゅうり（1本）
春巻の皮（3枚）／サラダ油（大さじ4）

◎作り方
❶きゅうりは2㎜厚さにスライスしたら塩ひとつまみ（分量外）をまぶし、しんなりするまで15分ほど置く。
❷穴子は汁けをよく拭き取り、10㎝長さに切り分ける。
❸春巻の皮の上に②の穴子、水けをギュッと絞った①のきゅうりと新生姜の酢漬けを置き、きっちり巻く。
❹弱めの中火で揚げ焼きし、半分に切り分ける。

新生姜の酢漬け

◎作りやすい量　新生姜（200ｇ）／塩（小さじ½）／酢（大さじ4）

◎作り方
❶新生姜は皮ごと薄くスライスしてボウルに入れ、全体に塩をまぶしたらしんなりするまで30分ほど置く。
❷①の水けをギュッと絞って保存容器に入れ、酢を混ぜる。
※甘味を使わないので、さっぱりと、あらゆる食材を引き立ててくれます。冷蔵で4～5日ほど美味しく召し上がれます。

→ 合わせたいお酒＿ガメイやカベルネ・フランなど軽めの赤ワインを少し冷やして。

97/100

バナナ、塩鮭、黒粒胡椒

(Level. 3) もうちょっとひと仕事

◎材料　2本分
バナナ(1本)
塩鮭(ひと切れ)
黒粒胡椒(10粒)
春巻の皮(2枚)／サラダ油(大さじ4)

◎作り方
❶塩鮭はアルミホイルに包んで、200℃に予熱したオーブンで15分焼く。火が通ったら皮と骨を取り除き、手で粗くほぐしてから、よく冷ます。
❷バナナは皮を剝き、縦半分に切り分ける。黒粒胡椒は包丁の腹で粗く潰す。
❸春巻の皮の上に②のバナナを置き、上に①の塩鮭をのせて黒胡椒を散らしたら、きっちり巻く。途中でバナナが折れても大丈夫。気にせずに巻きましょう。
❹火加減は弱めの中火。バナナの面から揚げ焼きして、半分に切り分ける。

➜ 合わせたいお酒＿モヒート、またはシラーなどふくよかな果実味の赤ワイン。

98/100 焼きイモ、ロースハム、粒マスタード

◎材料　2本分
焼きイモ(150g)
ロースハム(2枚)
粒マスタード(大さじ山盛り1)
春巻の皮(2枚)
サラダ油(大さじ2)

◎作り方
❶焼きイモは皮を剝く(皮も使うので、なるべくきれいに剝きましょう)。皮を剝いた焼きイモと粒マスタードをボウルに入れ、すりこぎなどでマッシュしながら混ぜる。
❷春巻の皮の上にロースハムを置き、上に①を平らに塗り(写真下)、焼きイモの皮を被せ、封筒のように平たく包む。
❸火加減は弱めの中火。焼きイモの皮の面から揚げ焼きして、3等分に切り分ける。

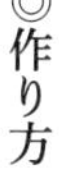

自分で作る焼きイモ

サツマイモを丸ごとアルミホイルに包み、180℃に予熱したオーブンで90分ほど、竹串がスーッと通るまで焼く。完全に冷ましてから冷蔵すると3〜4日は美味しく食べられます。

→ 合わせたいお酒＿ホットラムにレモンを浮かべて。

北京チキン

火を使わない
ハルマキ②

◎材料　鶏モモ肉1枚分に対しての分量

北京チキン（1枚）※作り方は次頁

長ねぎ（15㎝）※白い部分

パクチー（20本）※2㎝長さにざく切りにする

パプリカ（1個）

ソース用材料：甜麺醤（大さじ1）／塩麹（小さじ½）

春巻の皮（6枚）※そのまま食べられるタイプのもの（P.18参照）

◎作り方

❶長ねぎは5㎝長さのせん切りにし、5分ほど水にさらした後、しっかり水けを切る。

❷パプリカはせん切りにしてボウルに入れ、塩ひとつまみ（分量外）を全体にまぶし、しんなりするまで15分ほど置いたら水けをギュッと絞る。

❸北京チキンを1㎝幅にスライスし、①の長ねぎ、②のパプリカ、パクチーと一緒に春巻の皮で巻き、5分ほど置いて馴染ませる。

❹好みで半分に切り分け、甜麺醤と塩麹を混ぜたソースを添える。

→ 合わせたいお酒＿辛口のロゼまたは軽めの赤ワイン。

［ 番外編 ］

ローゼンタールの北京チキン

◎材料　作りやすい量
鶏モモ肉（1枚）
蜂蜜（小さじ1）
好みの油（小さじ1）
Ⓐ漬け込み用タレ
　甜麺醤（大さじ1）
　塩麹（小さじ½）
　プレーンヨーグルト（大さじ2）

◎作り方
【前日の準備】❶鶏モモに肉にⒶをよく揉み込み、一晩冷蔵する。

【当日の作業】❷オーブントレイにクッキングシートを敷き①をのせ、全体に油をまぶす。皮目に蜂蜜を塗り、200℃に予熱したオーブンで25分焼く。

※冷蔵で3〜4日ほど美味しく召し上がれます。焼きたてはハルマキにして、残りはサラダやサンドウィッチの具にしても。もちろんそのまま、おつまみにしても。

とろとろ卵、鶏ひき肉、パセリ、クミンシード

◎材料　1個分

卵（1個）／鶏ひき肉（60g）

パセリ（1本）

※10g程度。茎ごとみじん切りにする

クミンシード（小さじ1）

塩（ほんの少し）／春巻の皮（1枚）

サラダ油（大さじ4）

好みで粒マスタード（少々）

◎作り方

❶小鍋に湯を沸かし、沸騰したら卵を入れ、7分茹でたら冷水にとって冷ます。

❷ボウルに鶏ひき肉とパセリ、クミンシード、塩を入れて練る。

❸①の茹で卵の殻を剝き、②で全体を均一に包んだら、春巻の皮でさらに卵形にきっちり包む。

❹弱火で、全ての面を一面ずつ丁寧に揚げ焼きしたら、好みで粒マスタードを添える。

※手のひらにサラダ油数滴（分量外）を薄く塗って、その上で肉団子を作ってから卵を埋め込むと、きれいに包めます（写真下右）。

※球体に近いので、フライパンを傾けて油を集めたなかで揚げ焼きすると、効率よく火が通ります（写真下左）。

→ 合わせたいお酒＿ギネスなど濃厚な味わいの黒ビール。

おわりに

「ハルマキ」100本ノックを始めたきっかけは、コロナ禍でした。外食が憚られるようになり自宅で料理をし続けることがしんどい、というお客さまの声を聞き、「ならば楽しいレシピを届けよう」と、WEB版「HERS」誌上で2年間にわたり毎週1本ずつノックさせていただきました。

ハルマキ課長として伝えたいことはひとつだけ。「何を巻いても美味しいよ。失敗を恐れずに、好きなものを好きに巻いてみよう」

料理が苦痛というのは、こうしなきゃの呪縛が多くて、自分の頭で考える自由がないからだと思うのです。

皮が破れてもいい。中身がはみ出してしまってもいい。料理屋じゃないのだから完璧じゃなくていい。

慣れてくると、冷蔵庫を覗いて適当に作れるようになってきて、料理がちょっとラクに、そして楽しくなってくると思います。

最後に。この本は、編集の松本朋子さん、光文社の二村勉史さん、カメラマンの牧田健太郎さんから成る「ハルマキ課」の共同作業から生まれました。とくに100本どころか1000本くらいのノックを浴び続けてくれた松本さんには最大の感謝を。

ハルマキを作ることが小さなきっかけとなり、みなさんにとって料理やお酒の時間が少しでも楽しくなりますように。

島田由美子 しまだ・ゆみこ

ドイツワインと自家菜園の野菜を中心とした料理を楽しめる「ワインセラー ローゼンタール」店主。出版社勤務を経て、ワインを学ぶために渡仏。帰国後、ワイン情報誌の編集に携わる。飲食店のアルバイトを経て、同店店長となり、2015年より店を引き継ぎ経営者となる。2020年〜2022年の2年間、『HERS』webにて「ハルマキ100本ノック」を連載。「ハルマキ課長」としても、地道に活動中。

ワインセラー ローゼンタール

住所
東京都中央区銀座8-7-11
ソワレ・ド・銀座第2弥生ビル8F
☎03-3574-8758

営業時間
月〜金　18時〜23時
土　　　18時〜22時
日・祝休

撮影	牧田健太郎
装丁イラスト	東海林巨樹
挿画イラスト	チャイク
ブックデザイン	中村圭介、平田賞、藤田佳奈（ナカムラグラフ）
編集	松本朋子

ハルマキ100本ノック

2023年10月15日　初刷第1刷発行

著者	島田由美子
発行人	大給近憲
発行所	株式会社 光文社 〒112-8011　東京都文京区音羽1-16-6 ☎03-5395-8150（編集部） ☎03-5395-8116（書籍販売部） ☎03-5395-8128（業務部）
印刷・製本	共同印刷株式会社

落丁本・乱丁本は業務部にご連絡くだされば、お取り替えいたします。
Ⓡ〈日本複製権センター委託出版物〉
本書の無断複写複製（コピー）は著作権法上での例外を除き禁じられています。
本書をコピーされる場合は、そのつど事前に、日本複製権センター
（☎03-6809-1281、e-mail：jrrc_info@jrrc.or.jp）の許諾を得てください。

本書の電子化は私的使用に限り、著作権法上認められています。
ただし代行業者等の第三者による電子データ化及び電子書籍化は、
いかなる場合も認められておりません。

© Yumiko Shimada 2023 Printed in Japan
ISBN978-4-334-10065-0